# 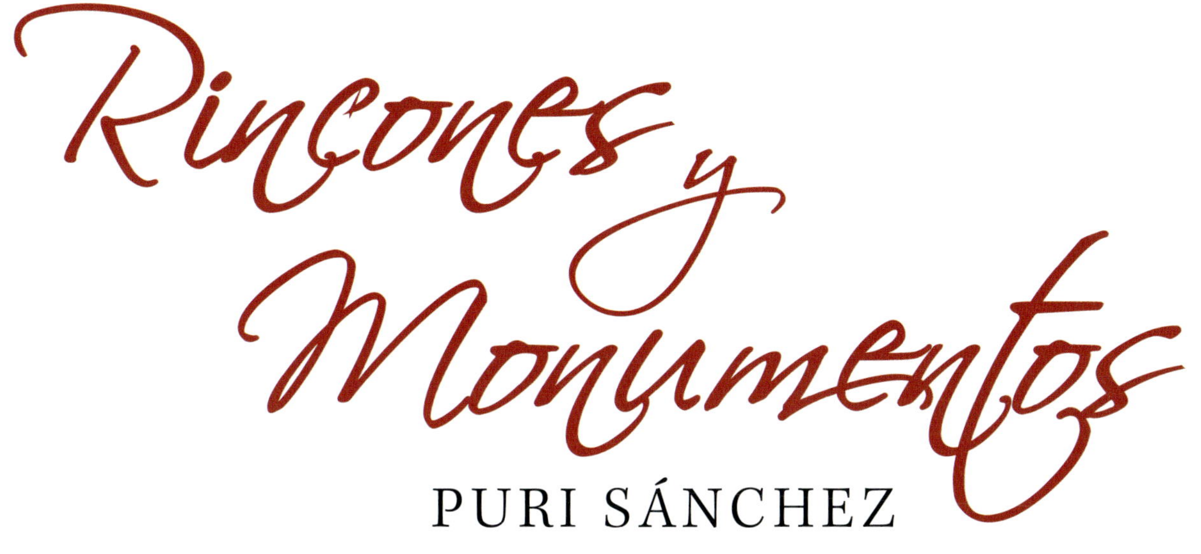Rincones y Monumentos

PURI SÁNCHEZ

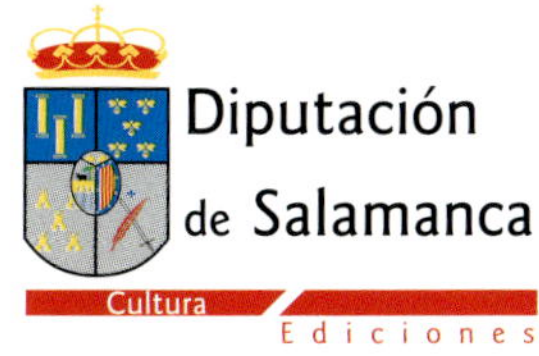

Diputación de Salamanca

Cultura · Ediciones

EDICIONES DE LA DIPUTACIÓN DE SALAMANCA:
Serie Catálogos, n.º 270


1.ª edición: febrero 2024
© Diputación de Salamanca


FOTOGRAFÍAS:
Puri Sánchez

TEXTOS:
Puri Sánchez, Jesús Ramos Gutiérrez, José M.ª Valverde,
José Antonio Gabriel y Galán y Joaquín Armenta Ferreira

MONTAJE:
Hnos. Feltrero


ediciones@lasalina.es
www.lasalina.es/cultura


ISBN: 978-84-7797-749-0
Depósito Legal: S 51-2024


MAQUETACIÓN E IMPRESIÓN:
Gráficas Lope. Salamanca
www.graficaslope.com

Esta pintora, Puri Sánchez, tan querida por esta provincia y por esta casa, a través de su obra nos muestra momentos de la vida, muchos de los cuales ya solo quedan en la memoria como pueden ser sus colecciones temáticas *Añoranzas, Oficios que se pierden* o, como en el caso de la que hoy proponemos, *Rincones y monumentos*, en los que queda reflejada la historia y la vida que han pasado por esos monumentos, por sus calles. Sus gentes reflejan la época, la moda y el bullicio que debió haber en otros tiempos, muchas de las costumbres que apenas perduran hoy en día.

Su obra es como entrar en un túnel del tiempo que nos traslada a otras épocas. A lo largo de este túnel recorreremos tanto espacios espirituales y religiosos como bulliciosos, donde queda reflejado el modo de vida de antes y donde lo que más destaca son los monumentos que enmarcan la actividad de esta ciudad y a veces la sobriedad de sus líneas, que nos traslada a la tranquilidad más absoluta.

Sus cuadros no son planos, poseen una profundidad que parece ser una ventana abierta por la que salir de este mundo encorsetado en el que vivimos para rememorar los recuerdos de la infancia. Estos cuadros son los mejores embajadores turísticos de la monumentalidad de Salamanca. Seguro que dará a conocer algunos rincones por los que no hemos paseado aún.

Como resumen, podemos decir que hasta ahora nadie la ha encasillado en ningún estilo pictórico. Todos coinciden en decir que no es naíf, pero ninguno se decide a definirla, por lo que podemos decir que tiene un estilo propio.

David Mingo Pérez
Diputado de Cultura

La serie *Rincones y monumentos de Salamanca* que aquí presento consta de 52 cuadros pintados al óleo sobre lienzo de 41 x 33 cm.

Siempre me había resistido a entrar en la ciudad, ya que mis temas queridos eran los del pueblo, exactamente los del mío, con sus gentes y costumbres, para dar continuidad a mis vivencias; quería que permanecieran en el tiempo.

En el año 1992 se avecinaba la gran exposición de las Edades del Hombre en Salamanca y me tentó el gusanillo de pintar su vista general con el puente romano y las catedrales. Tan no pensaba ir más allá, que no podía dejarla sin su mítica rana, y ahí descansa, en la orilla del Tormes evocando al autor de la ancestral.

No sabía entonces que aquel era solo el primer paso para entrar a la ciudad y explorar otro mundo, con sus monumentos hermosísimos, llenos de historia y de vidas, que fui descubriendo, hasta completar este manojo de joyas que nos lleva al origen de nuestra primera mirada, para que no sea la última.

Firmaba el último cuadro en 1998 y no sé si, sin quererlo o no, seguí la senda de los que antaño fueron…

Salamanca, el silencio fecundo de tus piedras me habla de armonía y me cuenta las batallas de tu juventud pasada. Y ha sido esta conjunción, la de tu armonía, tu belleza y mi amor, la que me empujó a la osadía de plasmarte en lienzo, para que al menos aquí tu imagen perdure. En él he querido atrapar la Salamanca que poco a poco se nos va, y en la que, ya hoy, algunos rincones son solo historia.

Vidas ilustres te hicieron grande, sus huellas bruñeron tus calles invitando a seguirlas…

Callo, cierro los ojos y entre nieblas puedo adivinar la silueta de Cristóbal Colón, su mirada arropa y deja atrás el convento. San Esteban le lanza a una aventura inaudita.

Y cubierta por el rojo sol poniente ¡hasta puedo ver deslizarse a la astuta Celestina visitando a Melibea! gracias a Fernando de Rojas.

Escucha, ¿no oyes entre murmullos de voz firme unos ágiles pasos que doblan la sombría y muda esquina? Sí, la oigo, la veo, se acerca Teresa de Jesús.

Ayer ha vuelto fray Luis de León al púlpito añorado; el aula entera escruta su mirada y silencios, y el eco de su voz calma y profunda, aún hoy, aquí, ¡se sigue oyendo!

Mientras tanto el muy sagaz y heterogéneo don Diego de Torres Villarroel incluye en su vida ilusionista los «libros redondos», ¿acaso es para él imposible? Nadie lo duda, ¡todos sabemos que su imaginación da para ello y mucho más!

¡Es ella!, mujer de armas tomar, doña María Rodríguez, «la Brava», no se resigna, y la injusticia le da alas de valor para volar...

La tertulia de siempre le espera y allá va, decidido; rumiando su día traspasa Libreros, paso lento, corazón rebelde y gran coraje, llega don Miguel, de apellido Unamuno, como tantos otros que sentaron su cátedra acá.

Rumores de voces susurran, ecos de penas, algaradas, risas, llantos..., latidos que viven, latidos que mueren, y han hecho tu historia, Salamanca, nuestra historia.

Puri Sánchez

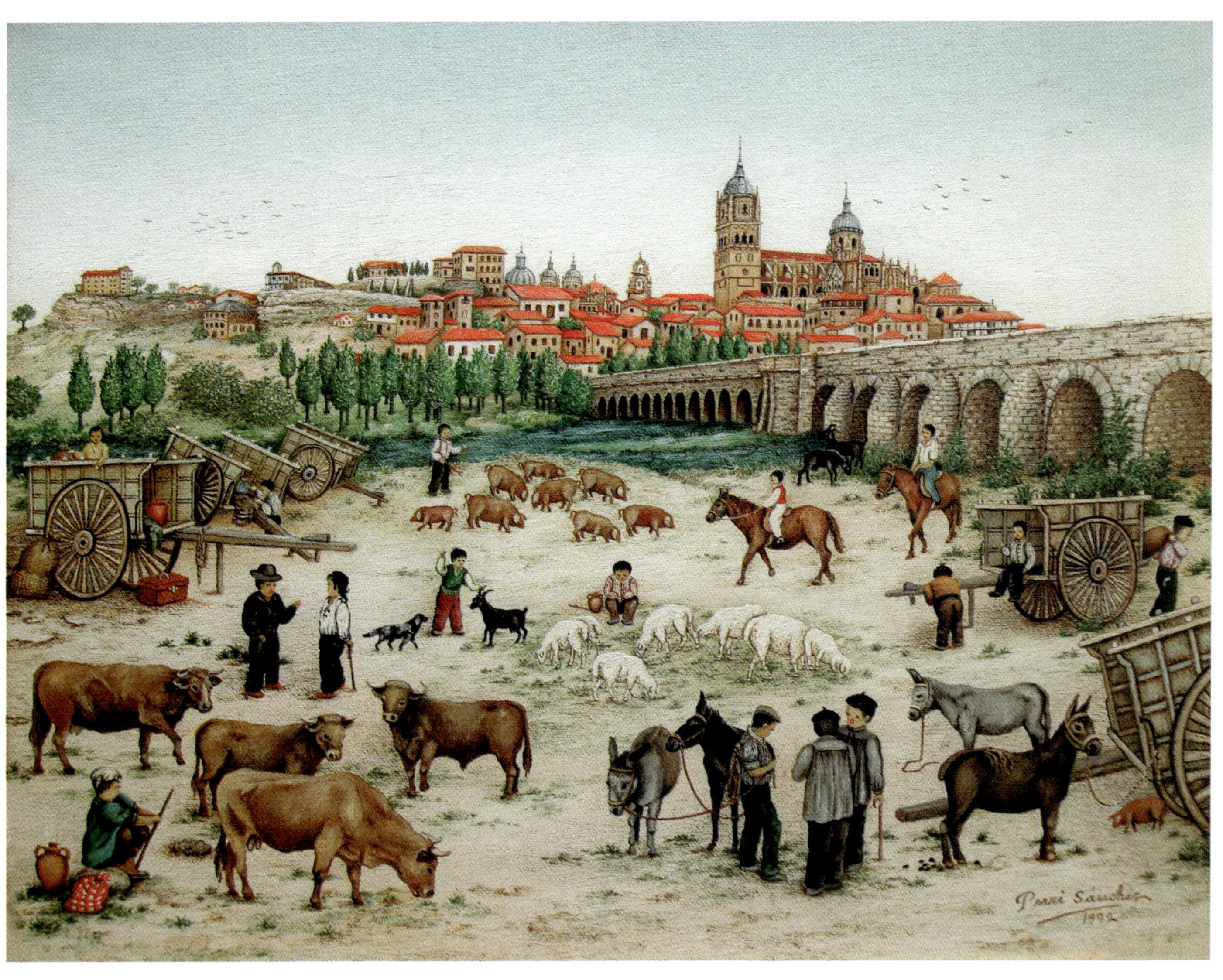

Puente romano y catedrales

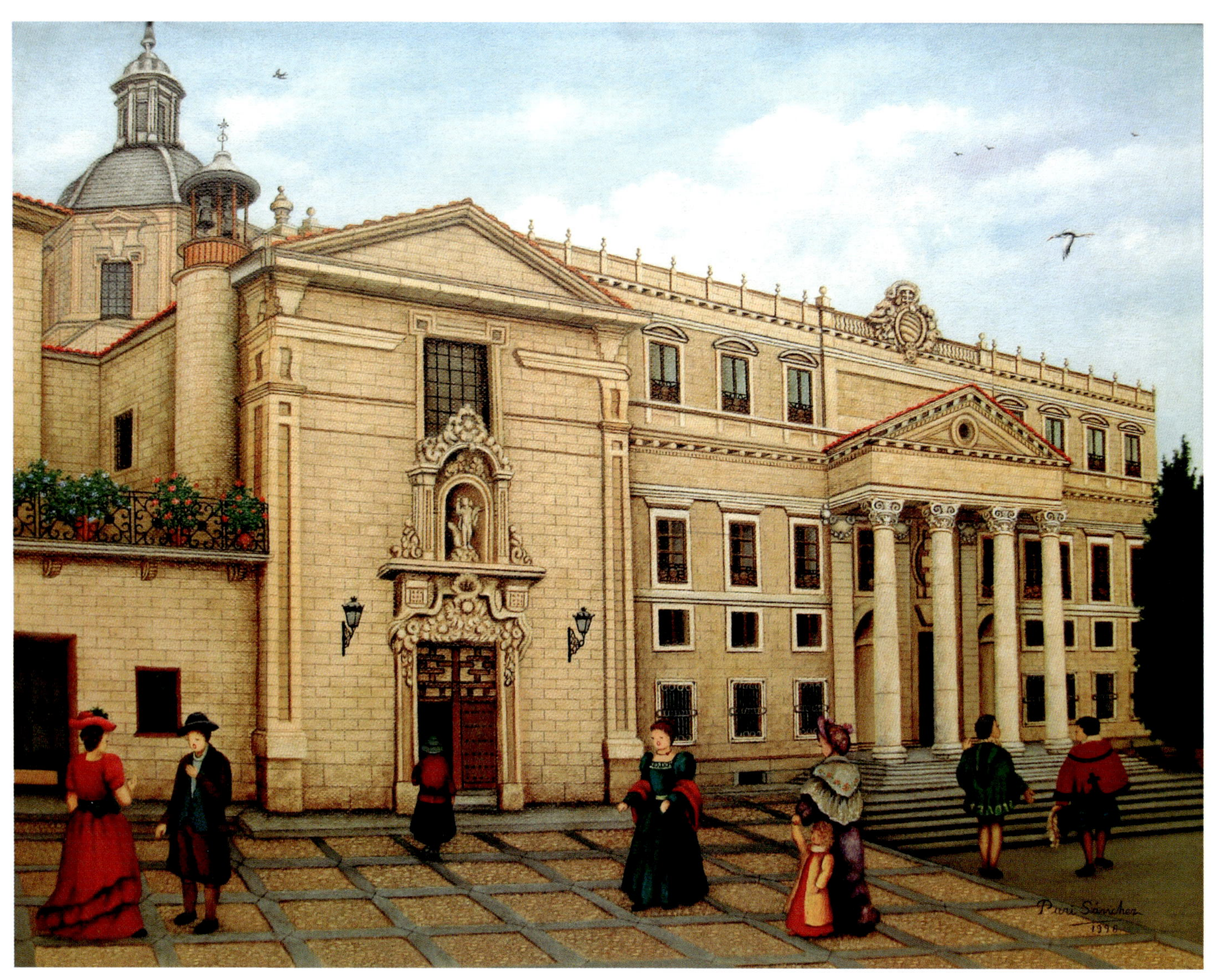

Plaza de Anaya

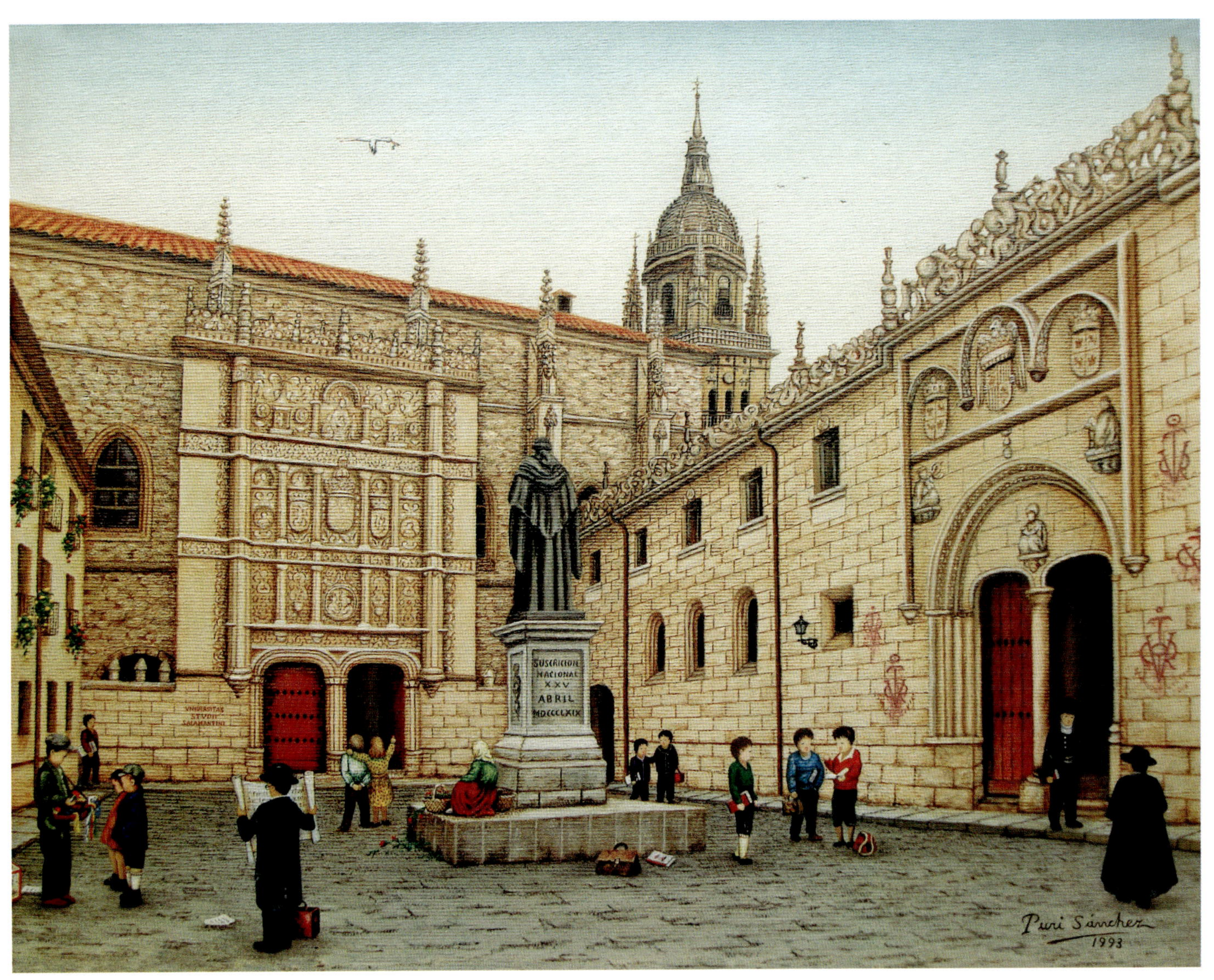


Universidad

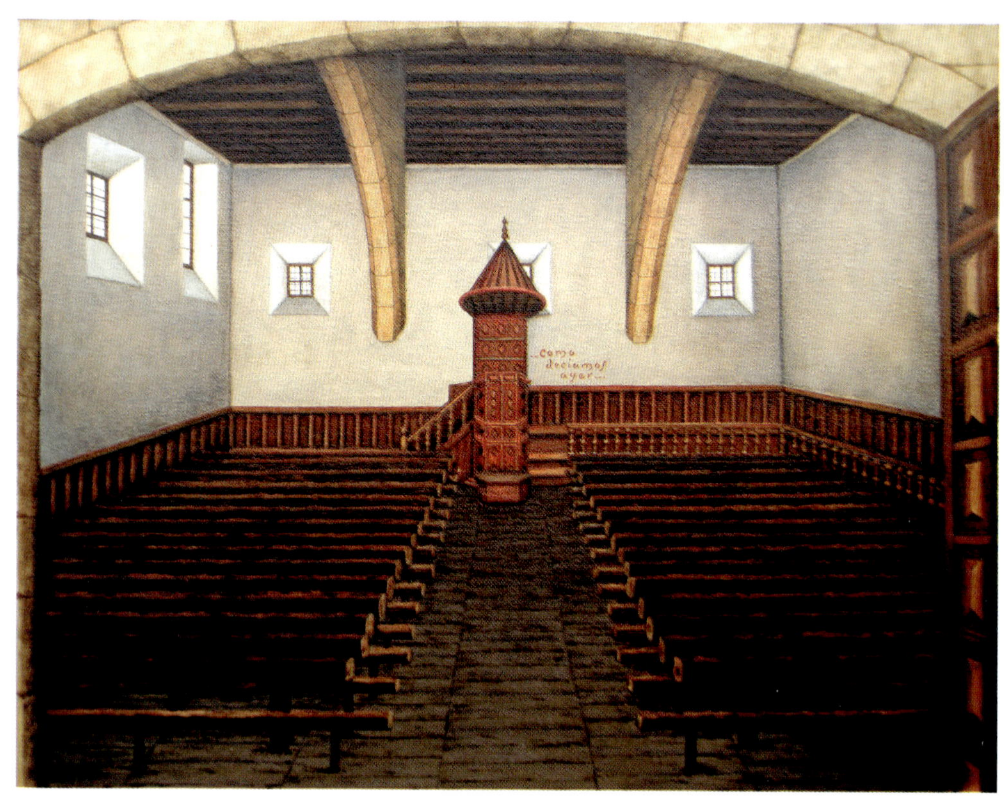


Aula de fray Luis de León

# NOTAS DE UN AMIGO

**Q**UERIDO ESPECTADOR, cuán difícil es expresar en un prolegómeno una obra pictórica, ya que la imagen supera la palabra. El color y el contenido sobrepasan una explicación tácita. La obra que nos ofrece la pintora Puri Sánchez nos conduce al entorno salmantino y, una vez que hemos atravesado el Tormes, nos vamos a encontrar en un mundo lleno de gracia, de historia, del reflejo dorado de sus vetustas piedras, de su paisanaje que transita por la virtud, y el linaje, como dijera Garcilaso. Los colores castellanos que plasma la pintora se mezclan con el ambiente mágico, legendario y espiritual al que aludía D. Miguel de Unamuno.

¿Pero dónde nace la idea de Puri Sánchez? Quizá en el pueblecito de Valdemierque en donde ella vive su infancia y que, al descorrer el velo del tiempo, seguramente Puri observó de niña el paisaje castellano, y sus colores cálidos, sepia, bronceados, cobrizos, llanuras extensas bajo un cielo infinitamente azul, y de pronto se incorporan estos elementos de natura en la niña que empieza a amar a su tierra. Puri se maravilla al ser y estar en Salamanca, se emociona y es parte de lo místico y espiritual, que le permite ser libre en la concepción artística y, asimismo, le confiere libertad de ser.

El quehacer artístico de nuestra pintora empieza en su vida ya reposada, primeramente con el dibujo, y estos bocetos los llena de colores hasta alcanzar su técnica personalísima; y plasmar, en etapas anteriores, otros temas siempre precisos de un tiempo y un espacio, y que constituyen por sí solos la historia de los pueblos y sus costumbres, un patrimonio de gran valor para futuras generaciones.

En la obra que nos presenta, *Rincones y monumentos*, Puri Sánchez retoma y reclama para sí, todo el ascetismo que encierra Salamanca, ciudad emblema y germen del saber de España; lugar en donde transitaron celtas, cartagineses, romanos, visigodos y musulmanes, quienes dejaron en su estadía una profunda impronta y testamento multicultural. Puri, con sus lienzos, nos toma de la mano para tocar y hurgar en el pasado. Su pintura es exquisita en cuanto nos muestra, desde el puente sobre el río Tormes hasta la plaza de toros, el desandar del tiempo. En cada cuadro, nos brinda el cromatismo de sus edificios ancestrales y el paisaje humano del gentío salmantino. La magia y la maestría de su pintura son capaces de llevarnos a la vida que «fue» en otro tiempo. Paseantes de sus calles, mozas y donceles, mujeres vestidas de terciopelo y hombres ataviados con trajes de paño, la alegría de los niños y falderillos toman un ambiente vivificante, que nos invita y nos conmueve. La gran historia de Salamanca y sus gentes cobra vida propia detrás de cada pincelada; el entorno es de alegría, equilibrio en su color y la mano de la autora traza magistralmente el perfil severo y solemne de sus edificios. Cada rincón, cada torre y los frontispicios religiosos muestran la mano diestra y de gracia en el manejo del pincel en donde el tiempo se detiene y nos sumerge en una atracción contemplativa.

Debo destacar que cada obra se acompaña de poetas, historiadores y hombres ilustres cuya sabiduría literaria sutilmente se entrelaza con la escena y le confiere una entidad espiritual y un antepasado de grandiosidad. La obra *Rincones y monumentos,* es por demás impecable, donde la imagen y la letra se amalgaman para constituir un acervo artístico y literario para la posteridad.

Para Puri Sánchez el tiempo se detuvo en Salamanca, la ha pintado con la pasión de una hija castellana con profundo amor a su tierra y nos acompaña en su recorrido para meternos en la entraña misma de la ciudad; nos lleva a los espacios espirituales y religiosos; nos permite un descanso en las Escuelas Menores, para luego contemplar sus patios y rincones donde sentimos la sobriedad del Medievo y el desbordante barroco; nos invita a fugarnos de lo real para regocijarnos con la Salamanca íntima y transcendental.

Al haber escrutado con gran entusiasmo el texto y las ilustraciones de la obra, creo con vehemencia que este libro es la nueva dote y heredad que Puri Sánchez lega al patrimonio universal de Salamanca.

Dr. Jesús Ramos Gutiérrez
McAllen, Texas
Otoño 2019

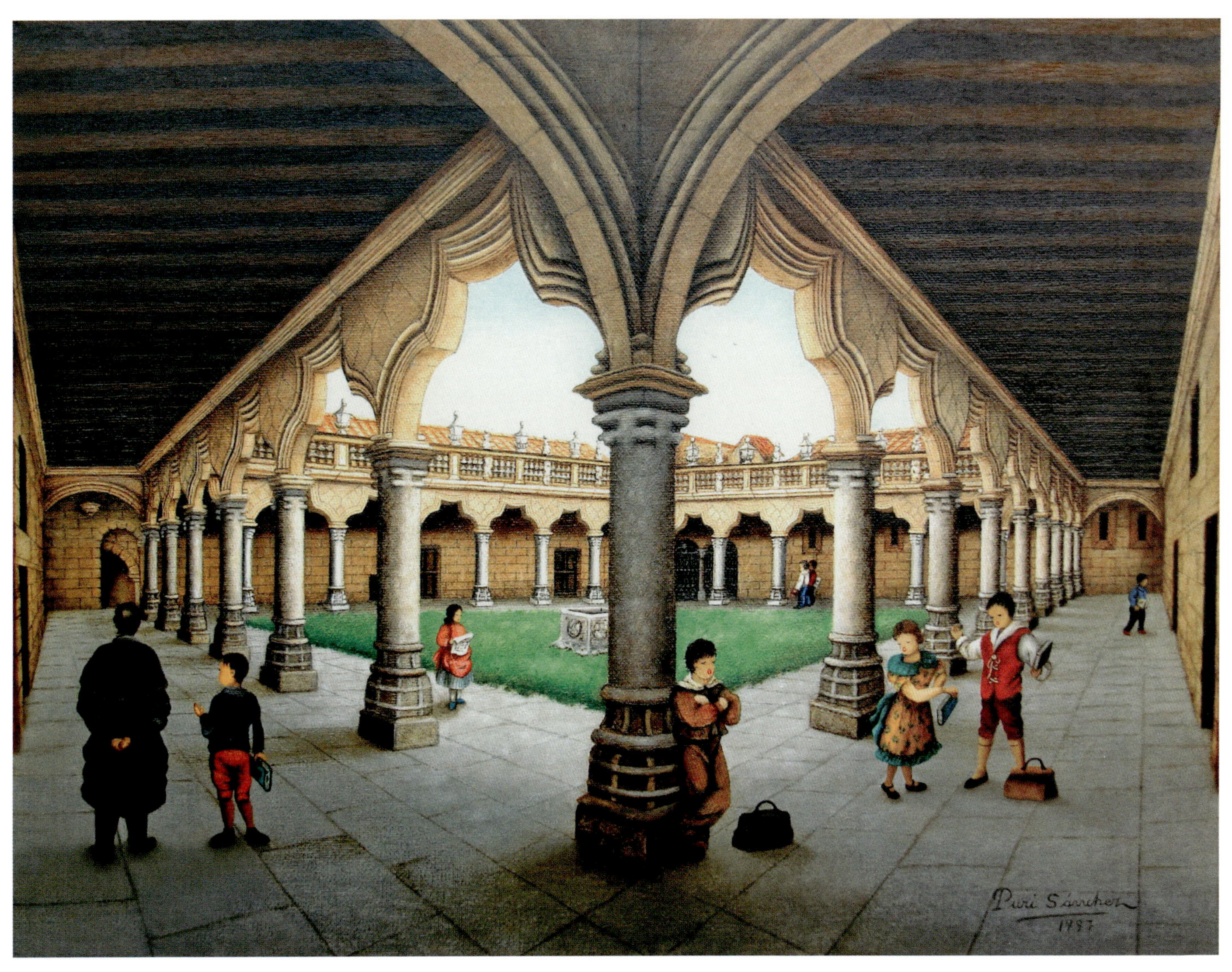

Patio de las Escuelas Menores

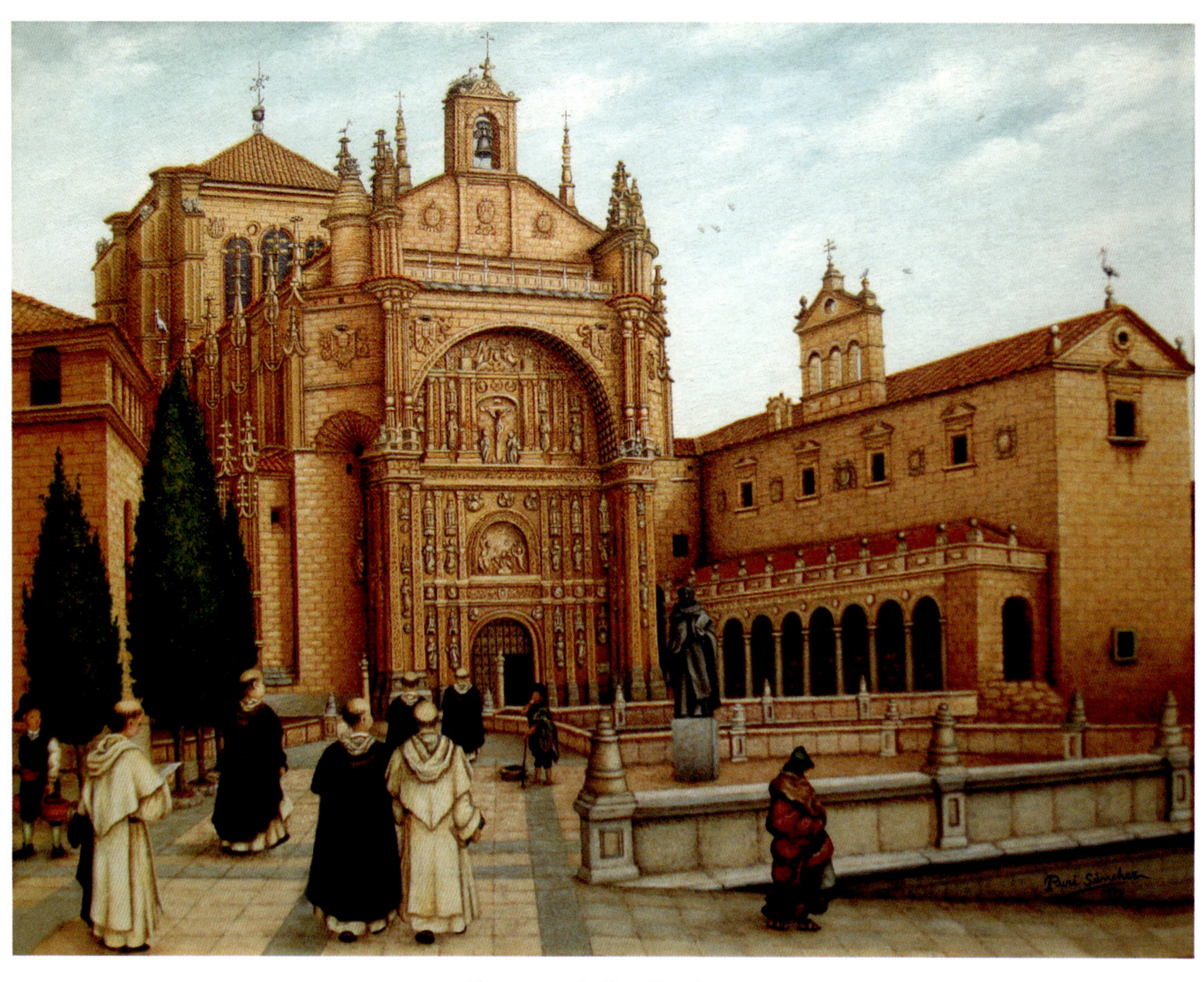

Convento de San Esteban

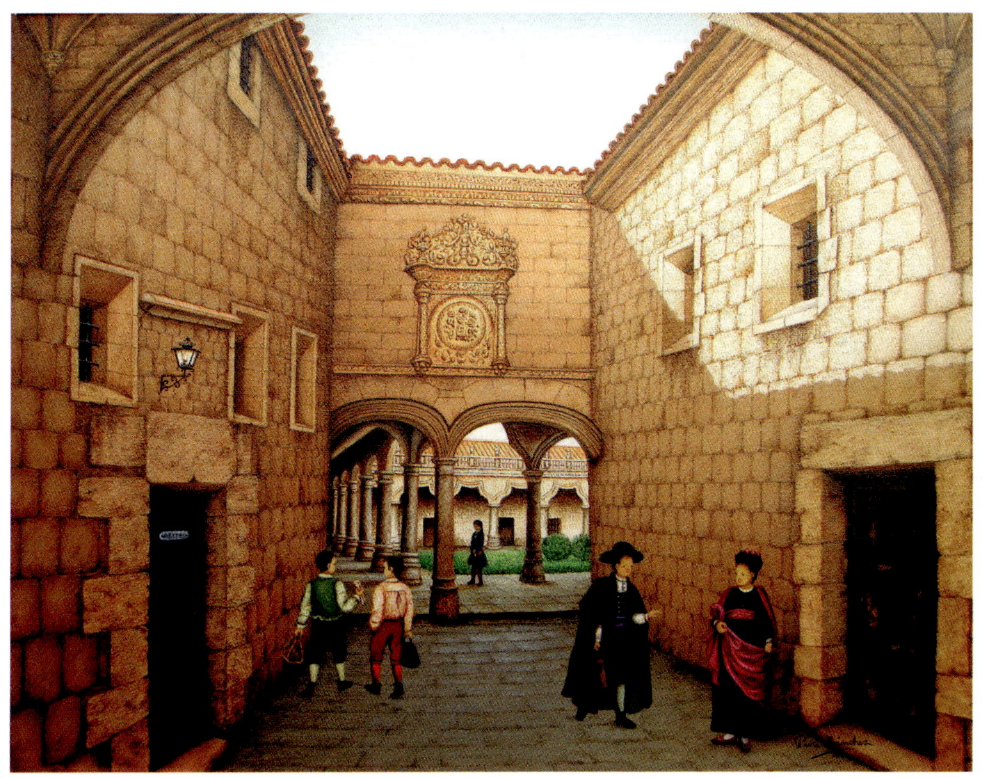

Entrada a Escuelas Menores

¿Ves aquel señor graduado,
roja borla, blanco guante,
que nemine discrepante
fue en Salamanca aprobado?
Pues con su borla, su grado,
cátedra, renta y dinero,
es un grande majadero.

José Iglesias de la Casa
Poema satírico

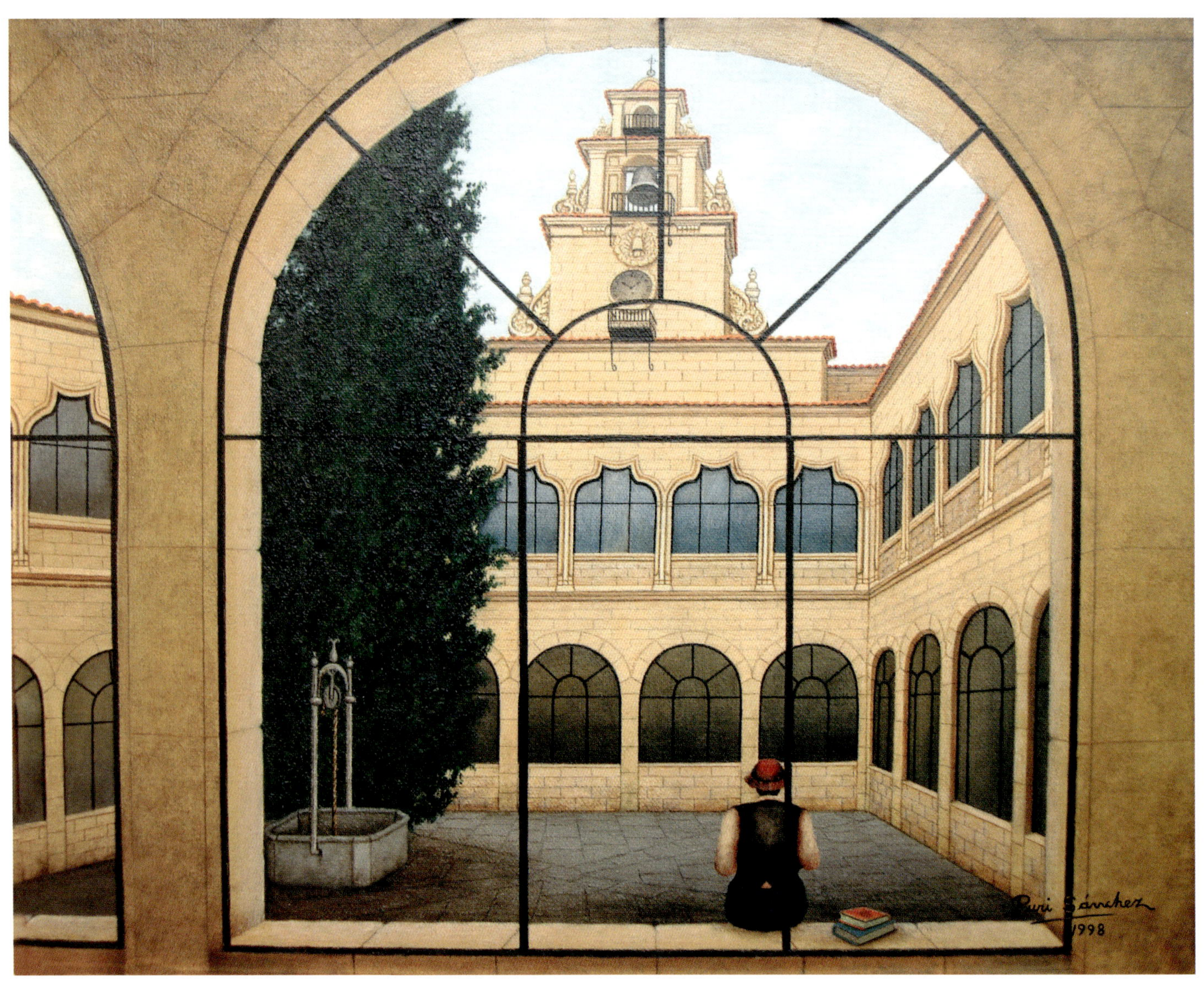

Patio de la Universidad

# Crítica de José M.ª Valverde, Madrid, 1982

Aquí tenemos un arte que ha nacido como consecuencia y parte necesaria de una vida, más que como resultado de una «vocación artística» a la que se subordinara desde el principio la vida misma.

Puri Sánchez, que nació en un pueblecito salmantino, Valdemierque, en 1944, vivió desde los 12 a los 17 años en Alba de Tormes y luego en Madrid. Con el paso del tiempo, un día empezó a sentir la necesidad de «buscar su tiempo perdido», de recuperar y expresar el mundo de su niñez en el pueblo, y para eso se puso a pintarlo de memoria, probando y eligiendo por sí misma sus recursos técnicos. El resultado no es precisamente lo que suele llamarse arte «naíf» –la elección consciente, acaso resabiada, de un estilo elemental–, sino una pintura que, por su voluntad de capturar por entero el recuerdo, no tiene inconveniente en ensayar complicaciones y detallismos, animados siempre de gracia a fuerza de amor a lo recordado. En el mundillo del pueblo infantil, todo es precioso, y hasta lo más pequeño merece conservarse. Los medios pictóricos están usados, así, como «medios», sin formalismos ni estilizaciones.

El resultado, para mi gusto, es delicioso; un logro lírico que perdura a fuerza de transparencia y de humildad.

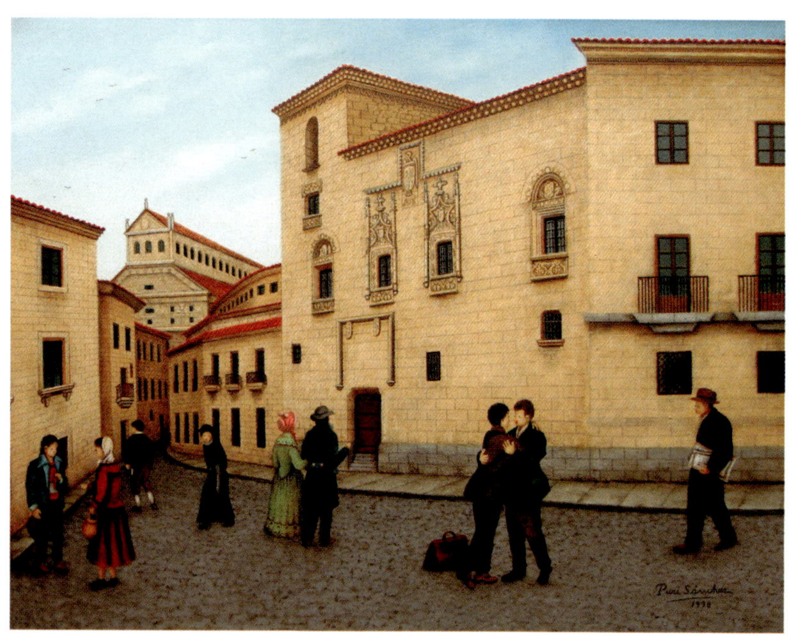

Casa de los Álvarez Abarca

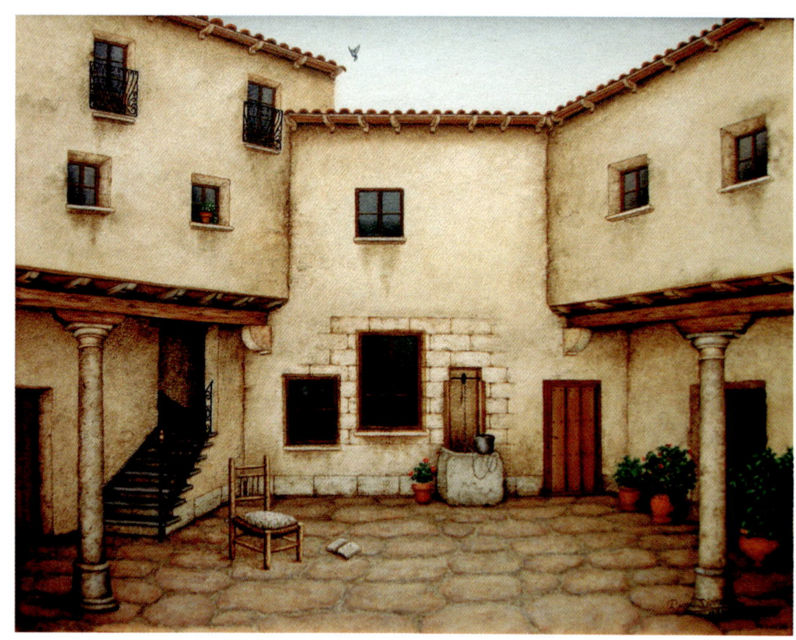

Patio de una casa del siglo XVII

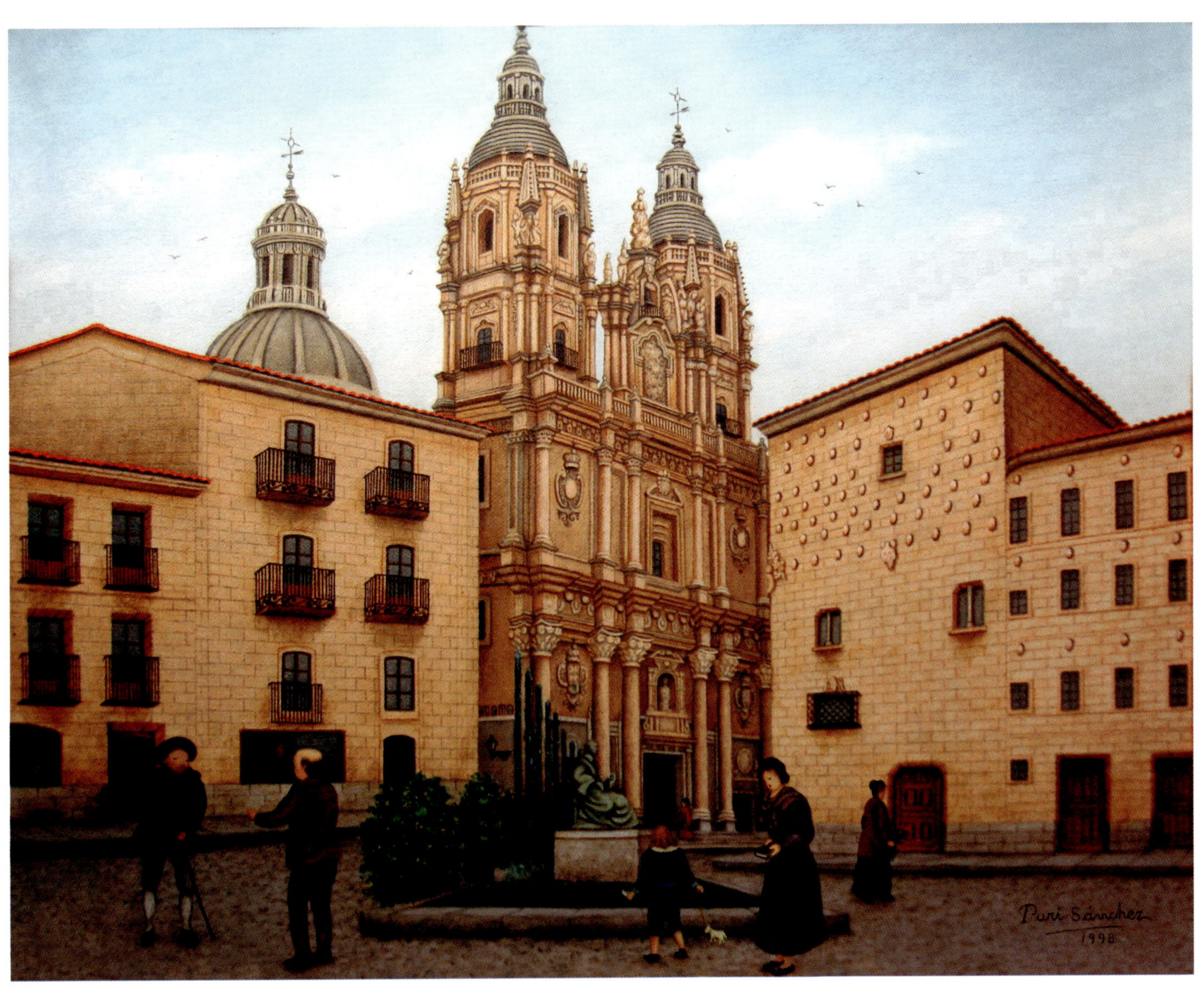

Clerecía

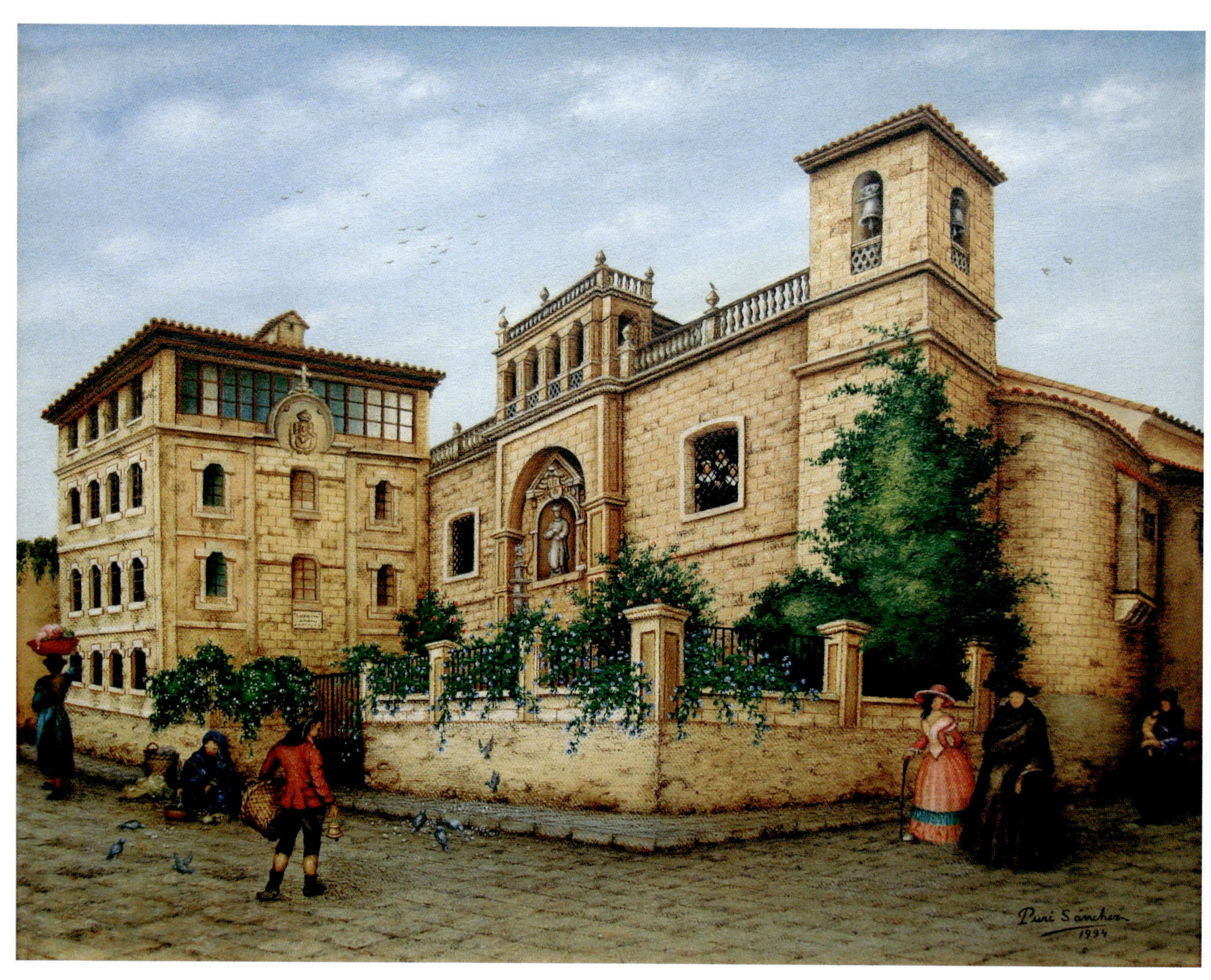

Convento de San Millán

# LA REIVINDICACIÓN DE LA MEMORIA

### José Antonio Gabriel y Galán, Madrid, 1996

Es como si un día cualquiera Puri Sánchez se hubiese decidido a iniciar una especie de psicoanálisis plástico. Así imagino yo que comenzó a pintar: de memoria, a través del recuerdo, tratando de reconstruir su mundo primitivo, el microcosmos de su infancia.

La pintura naíf de Puri Sánchez contiene los elementos necesarios para que pueda aplicársele la fórmula de «gran realismo» de que hablara Kandinsky. En los artistas naíf se produce una síntesis entre realidad y representación, una inconsciencia como la que puede hallarse en los niños y en los pueblos primitivos, pero que en realidad no es sino una reivindicación de la memoria. La pintura naíf es la pintura de la memoria, que lo que intenta es el reencuentro con uno mismo o la reconstrucción del pasado inalcanzable.

Toda la obra de Puri Sánchez va en esa dirección. Al pintar, con una tenacidad significativa, el mundo rural de su infancia no está tratando de realizar ninguna tarea de documentación arqueológica, sino de poner en pie un universo que se le fue y del cual guarda registro en su infancia recordada.

Desde esta perspectiva, la pintura de Puri Sánchez es sentimentalmente naíf: la inocencia, la ternura, la sencillez, la apariencia primitiva y una emoción muy peculiar; todo lo cual conduce a la magia propia de este tipo de pintura que siempre está buscando paraísos perdidos.

El mundo rural de Puri Sánchez, típicamente castellano, y más concretamente salmantino, es un «orden» en el que todo parece encajar: los paisajes, los hábitos, las costumbres, los personajes forman parte de un tiempo, de una estructura de la memoria en la que el conflicto es imposible: algo genuinamente característico del naíf y que se manifiesta en la «planitud» de su superficie.

En este sentido, hay una clamorosa heterodoxia en la obra de Puri Sánchez: sus cuadros no son planos, poseen determinadas profundidades que hacen pensar que la pintora quiere ir más allá del naíf. Las perspectivas de sus escenas, paisajes o interiores parecen una ventana abierta por la que Puri Sánchez pudiera echarse a volar chagalianamente en cualquier momento.

Lo que Puri Sánchez no puede ocultar, en su escrupulosa impremeditación artística, es que su pintura estalla en una vitalidad nostálgica, late vigorosa aun cuando se trate de recordar el estatismo de un viejo desván o de un paisaje sereno. La verdad de la pintura de Puri Sánchez está en el dinamismo de unos rasgos tan transparentes y plenos como los de la infancia.

El peligro de naíf –el anquilosamiento, la repetición de fórmulas– no afecta en absoluto a la pintura de Puri Sánchez, cuya evolución en estos últimos diez años es fácilmente perceptible. La obra que se muestra en esta exposición es una buena prueba de ello.

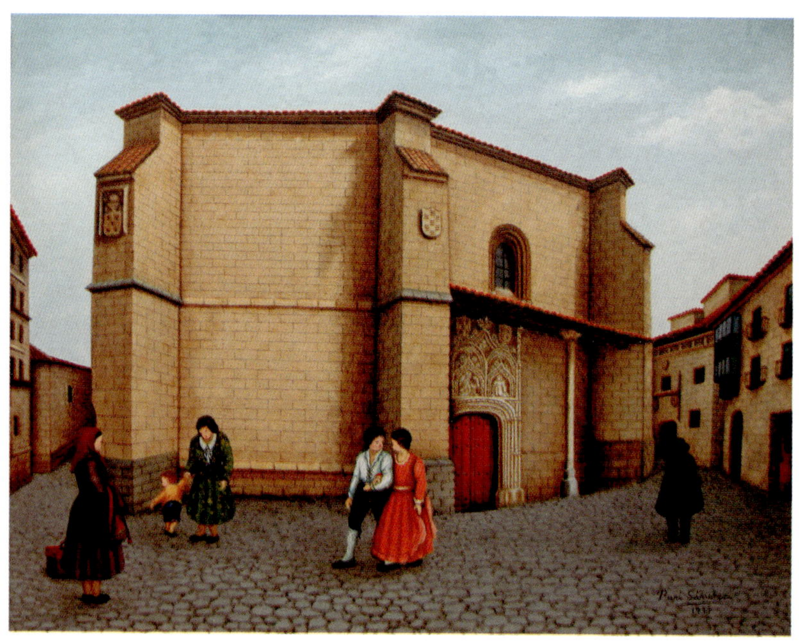

Iglesia de San Benito

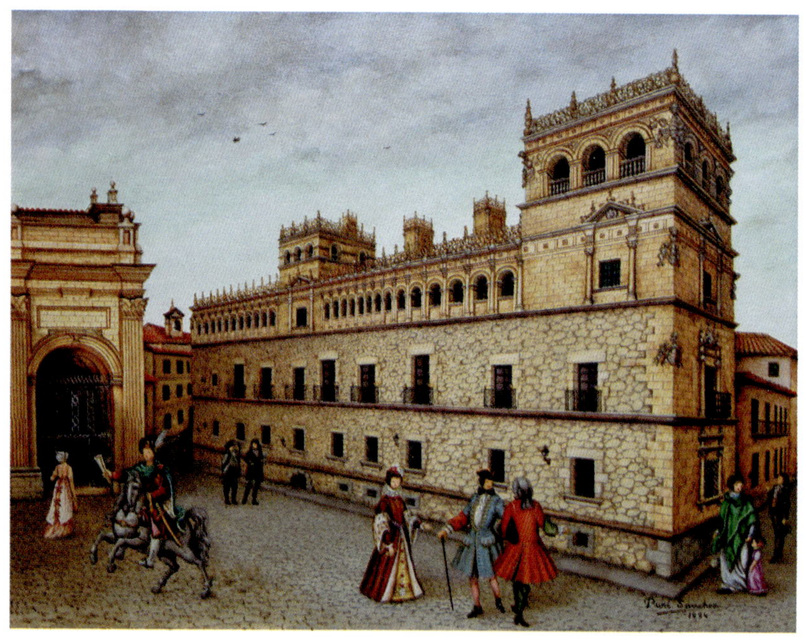

Palacio de Monterrey

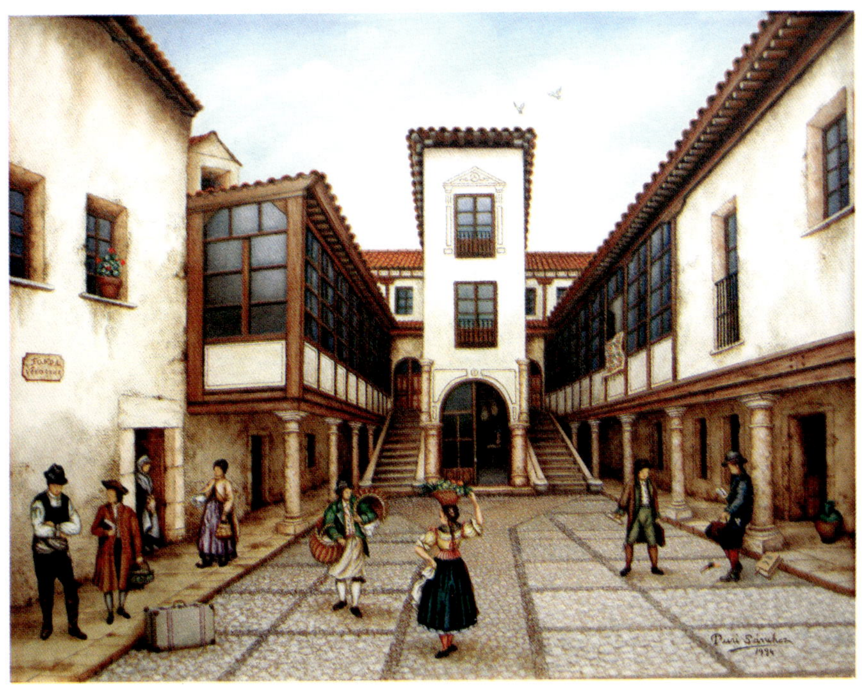

Fonda de la Veracruz

Pues ahora quiero callar
la triste vida del pupilo,
que será nunca acabar
y sacar agua del Nilo
con harnero.
Pues, si nos falta el dinero
¡Aquí veréis renegar!
luego, pardiós verdadero
comenzamos a empeñar
cuanto tenemos:
Los libros en que leemos,
las chamarras que vestimos,
manteles en que comemos,
y la ropa en que durmimos;
y con esto,
escribímosle de presto
con los negros de recueros
que nos envíen muy presto
algunos pocos dineros,
que comamos...

BARTOLOMÉ PALAU
Farsa llamada salmantina

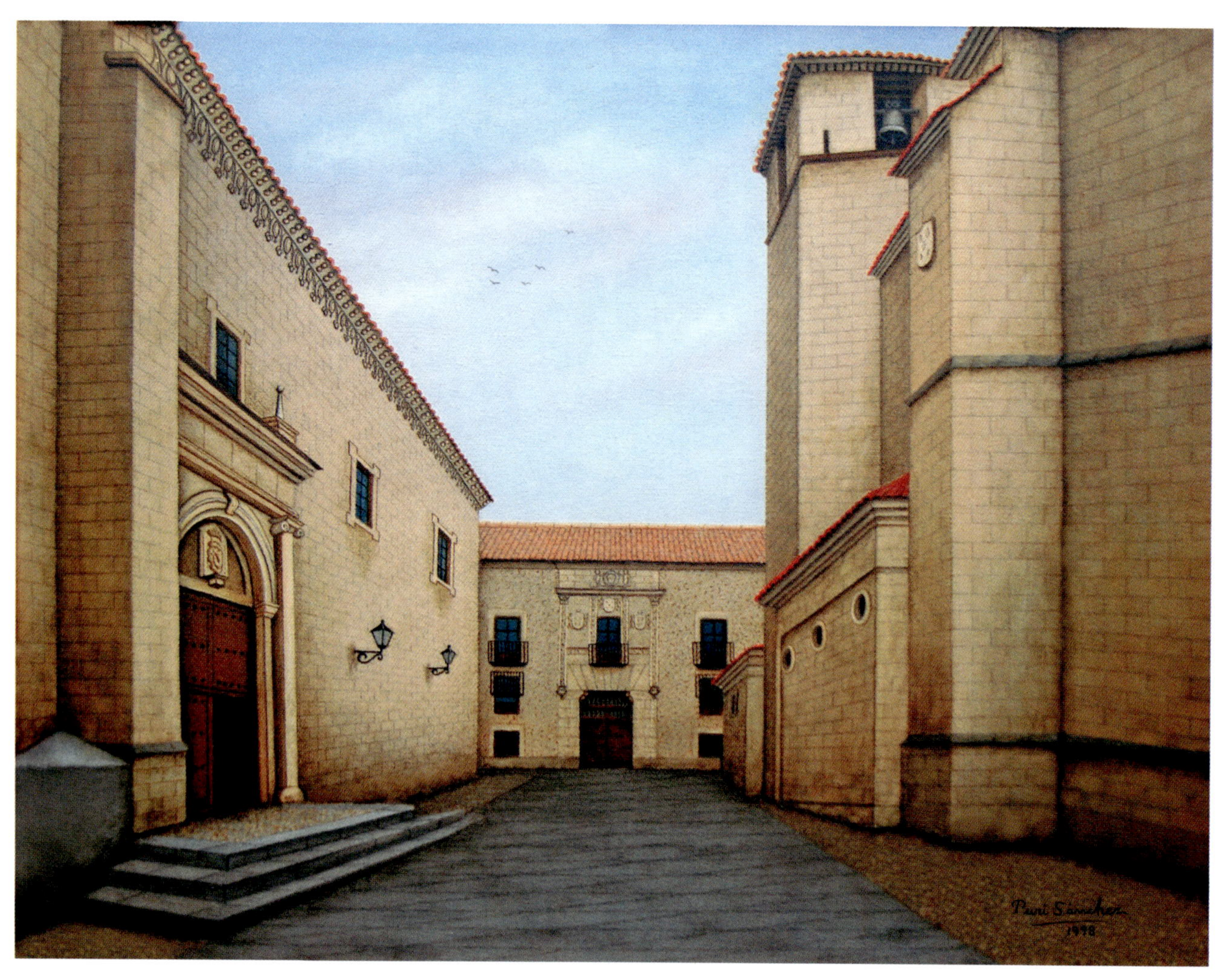

Palacio de Maldonado

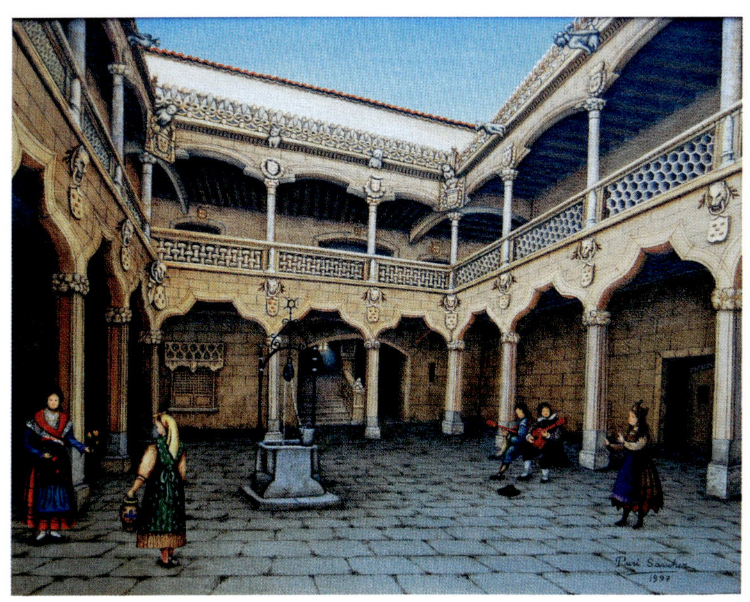

Patio de la Casa de las Conchas

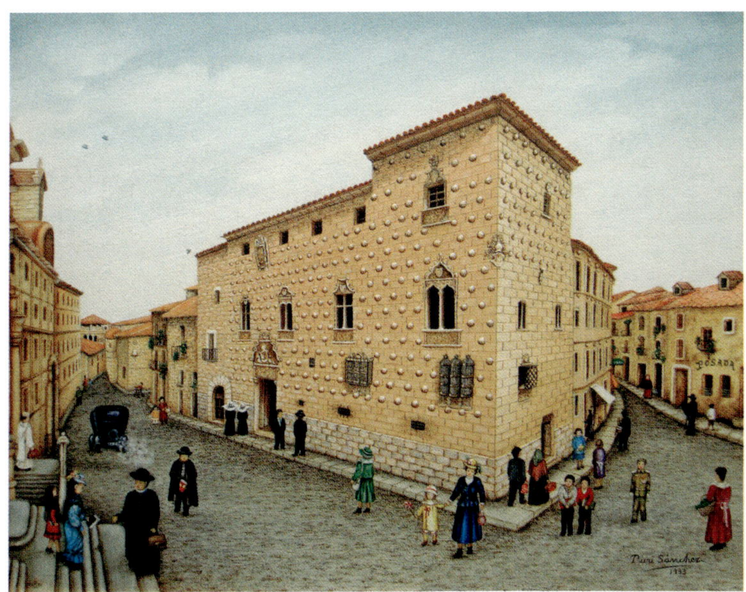

Casa de las Conchas

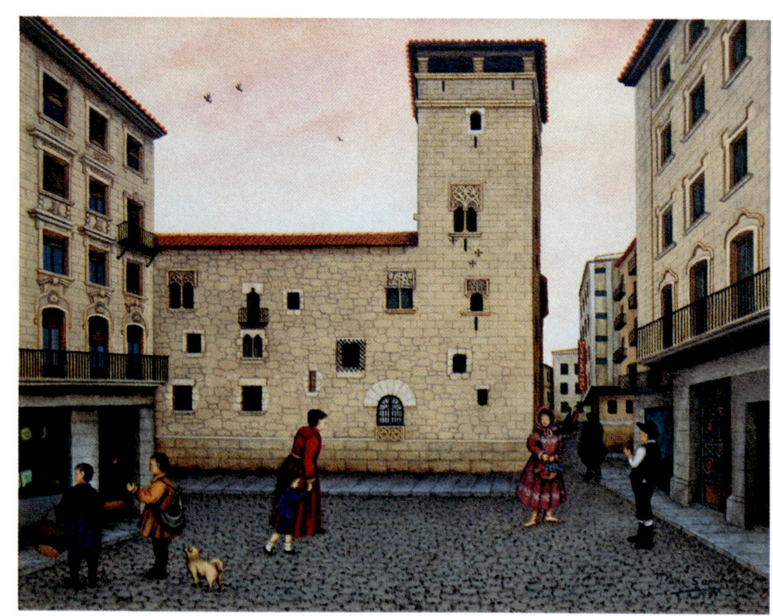

Torre del Aire

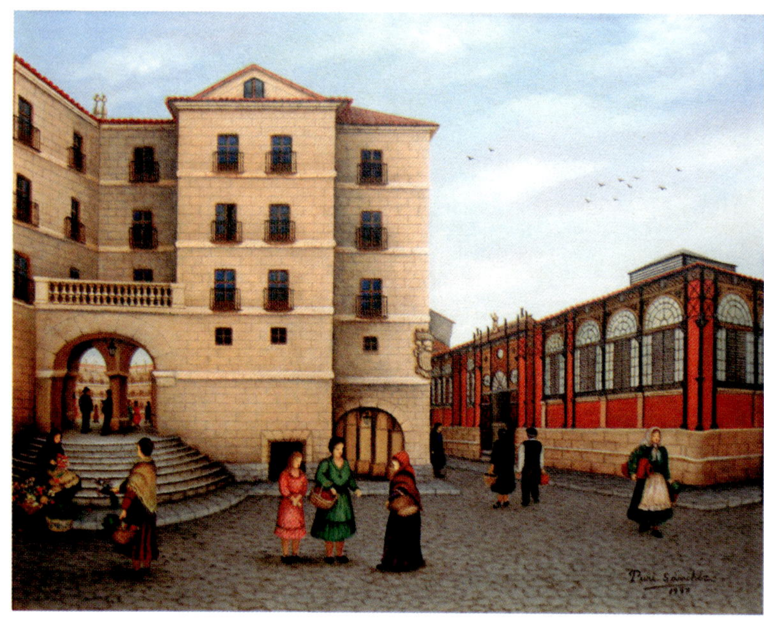

Plaza del Mercado

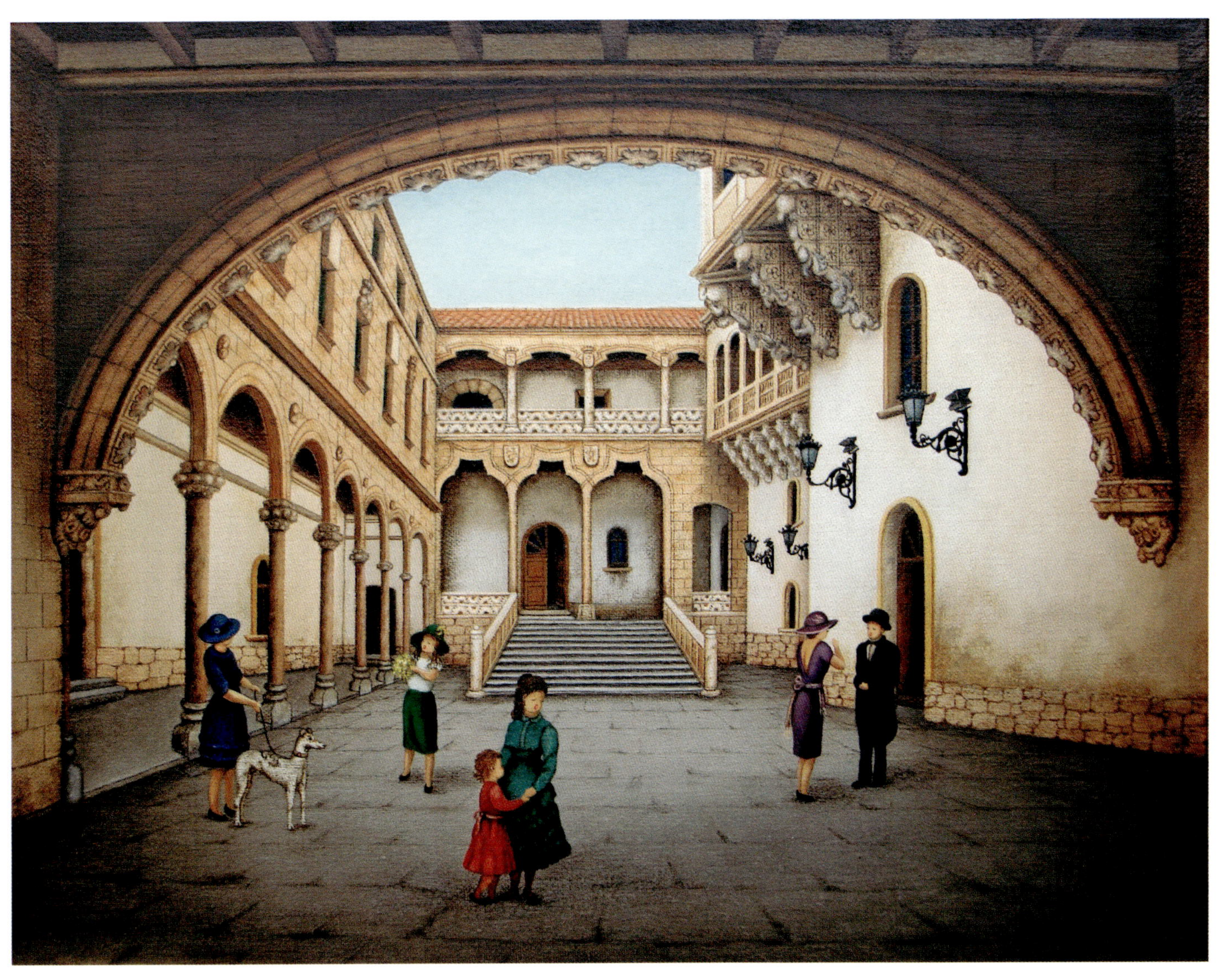

Patio de La Salina

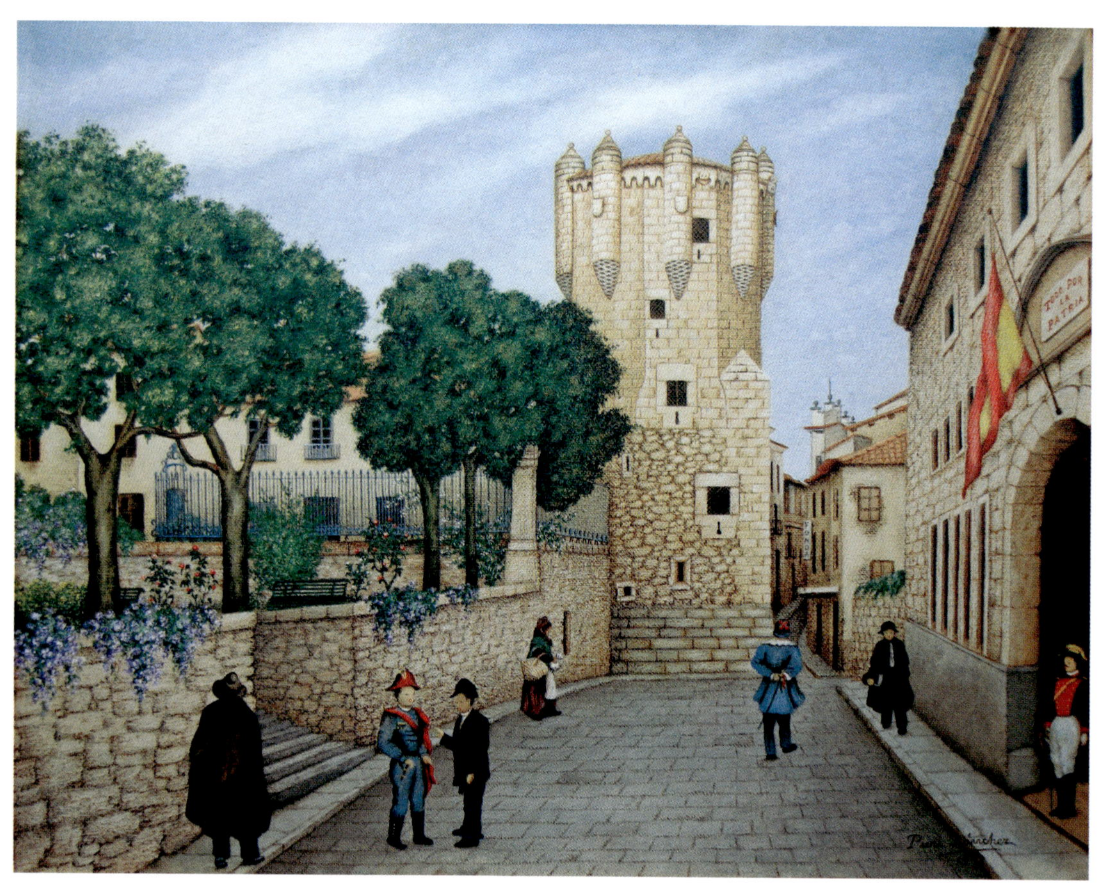

Torre del Clavero

por Joaquín Armenta Ferreira
Crítico de arte. Medellín, 1991

# EVOCACIÓN DE LA TERNURA
## Los cuadros de Puri Sánchez

El arte, como todo en nuestros días, tiende a ser ecléctico; la saturación de abstracciones y conceptualizaciones en el mismo toca límites imprevisibles, y las efímeras modas (otra característica de nuestro tiempo) hacen fluctuar la búsqueda de muchos artistas en la cuerda floja.

Sigo y seguiré creyendo en el principio de necesidad interior postulado por V. Kandinsky como punto de partida, claro y honesto, para el acto creador. Cuando me enfrento a la magia de los signos de una obra dejo que mi sensibilidad e intuición localicen esos visos de honestidad y poder de evocación en lo que contemplo, para después comenzar a jugar con mi racionalidad en los análisis de técnicas, procesos y conceptos.

Los cuadros de Puri Sánchez lo primero que me trasmitieron fue honestidad y ternura, de forma que los análisis posteriores estaban orientados por la fuerza de estas dos sensaciones; resalto la ternura, que es una constante en toda su obra y que es una proyección de su espíritu, que es, al fin, el que mueve el pincel.

Sus cuadros son recuerdos y, por lo tanto, son tiempo, documentan con creces la ingenuidad y la belleza del medio rural castellano, en peligro de desaparecer en manos del progreso y los televisores que traen «culturas» extrañas. Los colores también son castellanos, a mitad de camino entre los fríos del norte y los más vivos del sur.

Los interiores (mis preferidos) no abandonan su temática rural costumbrista, pero están cargados de una magia y una poesía muy especiales, evocando siempre un sentimiento de ausencia-presencia del ser humano, que se puede expresar en un libro abierto o una muñeca de trapo.

La artista, autodidacta, ha ido haciendo progresos técnicos paralelos a su objetivo más importante, la necesidad de crear transmitiendo recuerdos; creemos que estos progresos pueden aumentar sin que se pierdan la espontaneidad y la dulzura, proporcionándole elementos plásticos que potencien su capacidad creadora.

Los cuadros de Puri Sánchez, además del goce estético, casi infantil, que proporcionan, tienen un valor documental muy importante, que será aún más apreciado por generaciones futuras.

Es bello comprobar que, en medio de los ordenadores y los cristales de cuarzo, existen almas creadoras que nos recuerdan la importancia de lo cotidiano y lo sencillo.

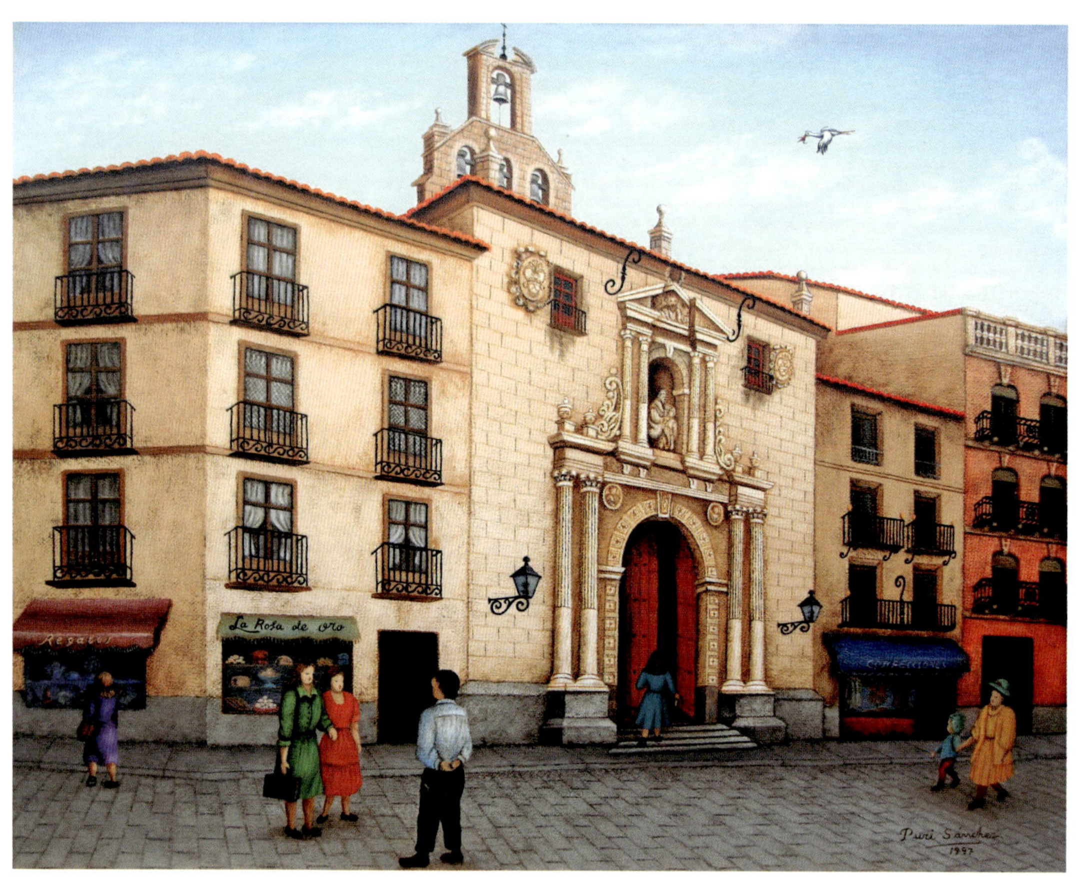

Fachada de San Martín

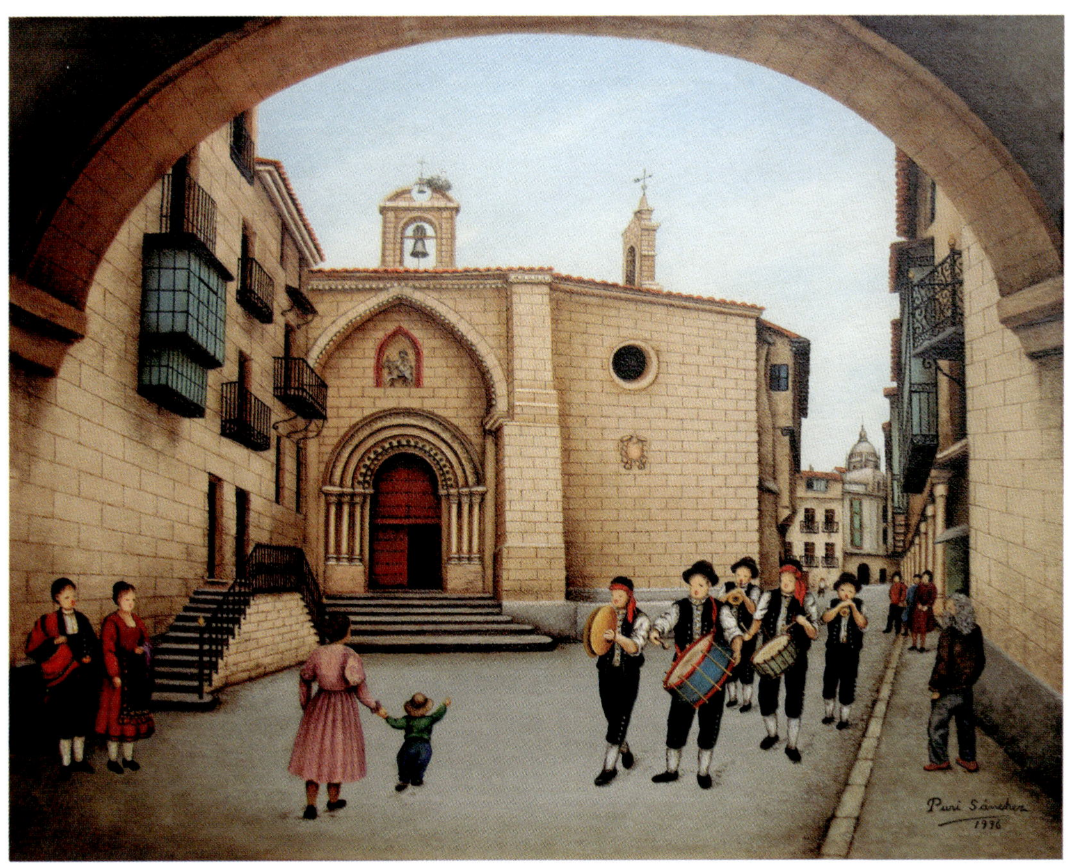

Rincón de San Martín

Rincón de amores que van y vienen,
a gozar la plaza de mis placeres.
Días dorados de juventud risueña,
entre libros y amigos que cala y queda.
Días fecundos, noches calladas,
bebiendo a sorbos sabias palabras.

PURI SÁNCHEZ
Poema

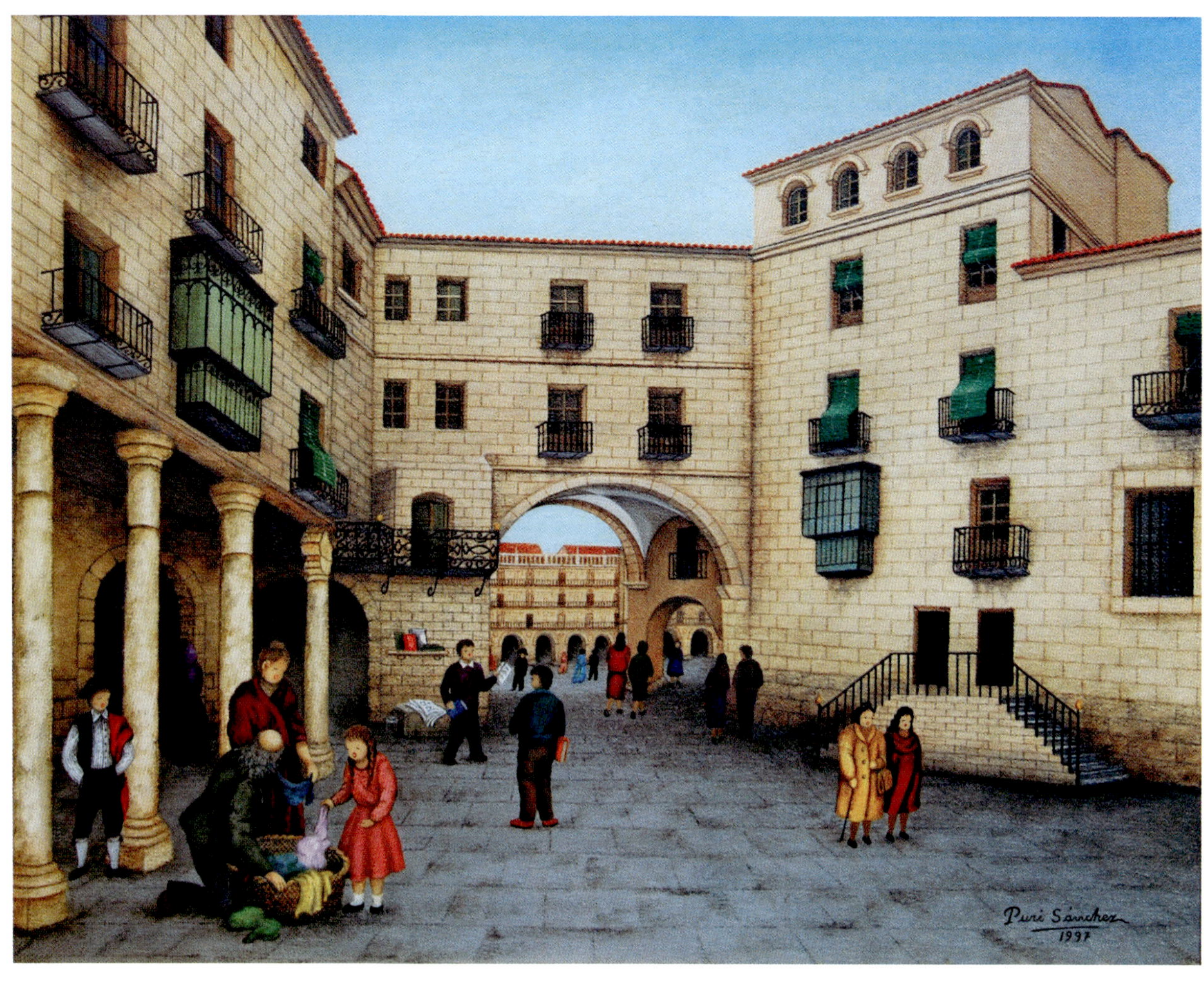

El Corrillo de la hierba

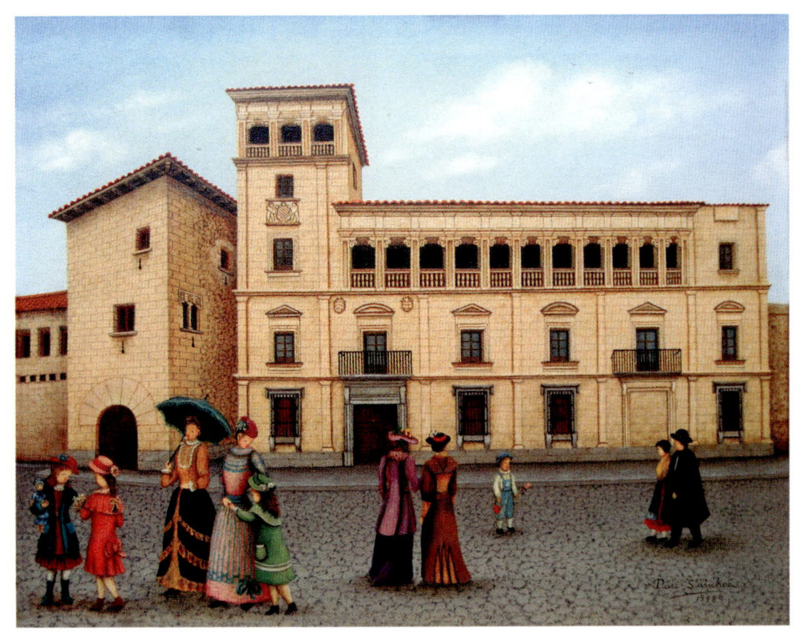

Torre de Abrantes y palacio de Orellana

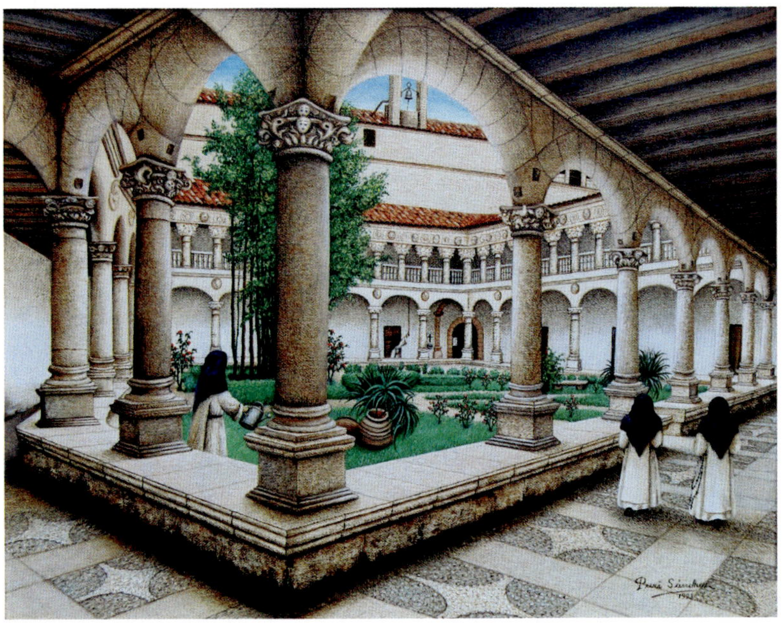

Claustro de las Dueñas

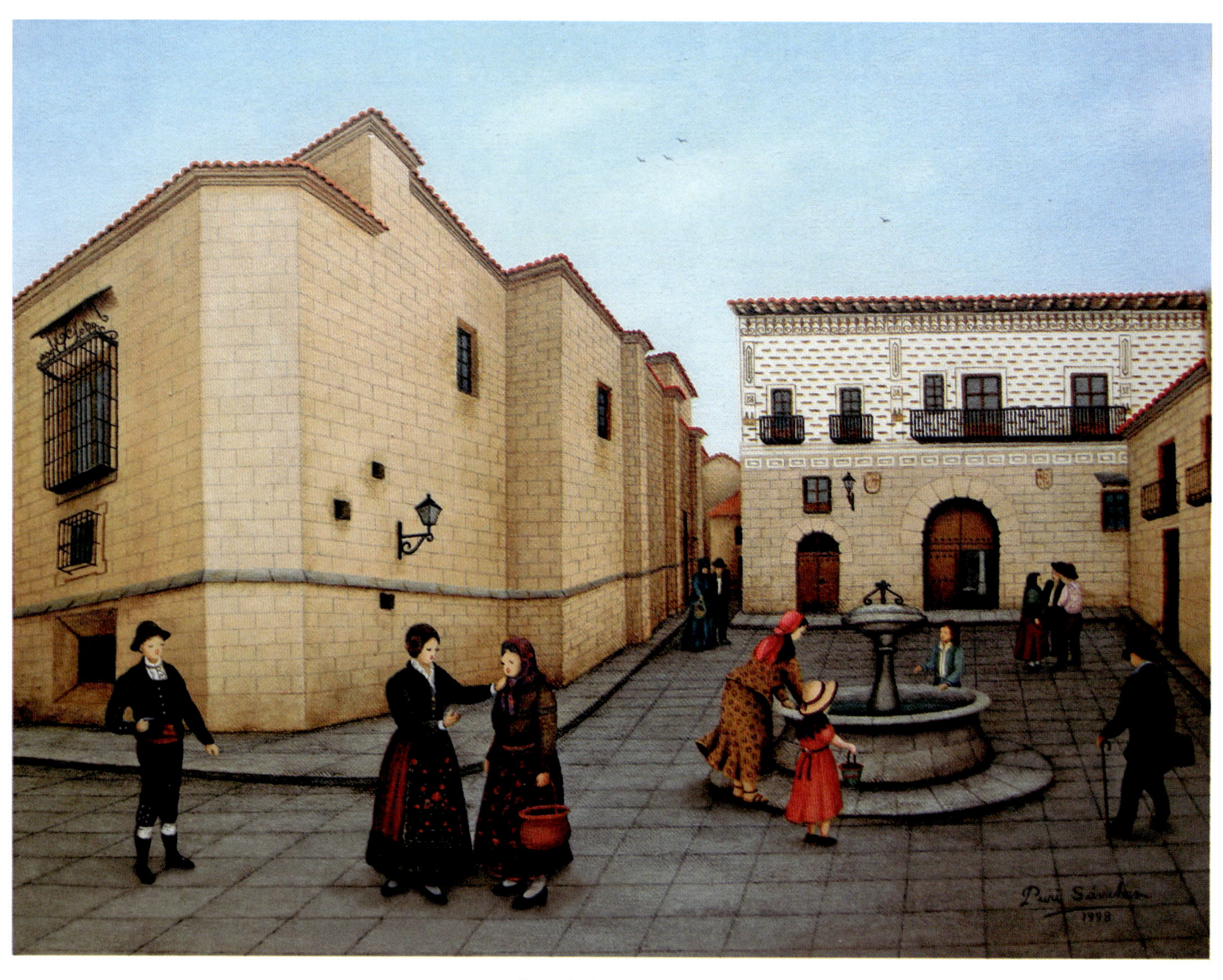

Plaza de los Sexmeros

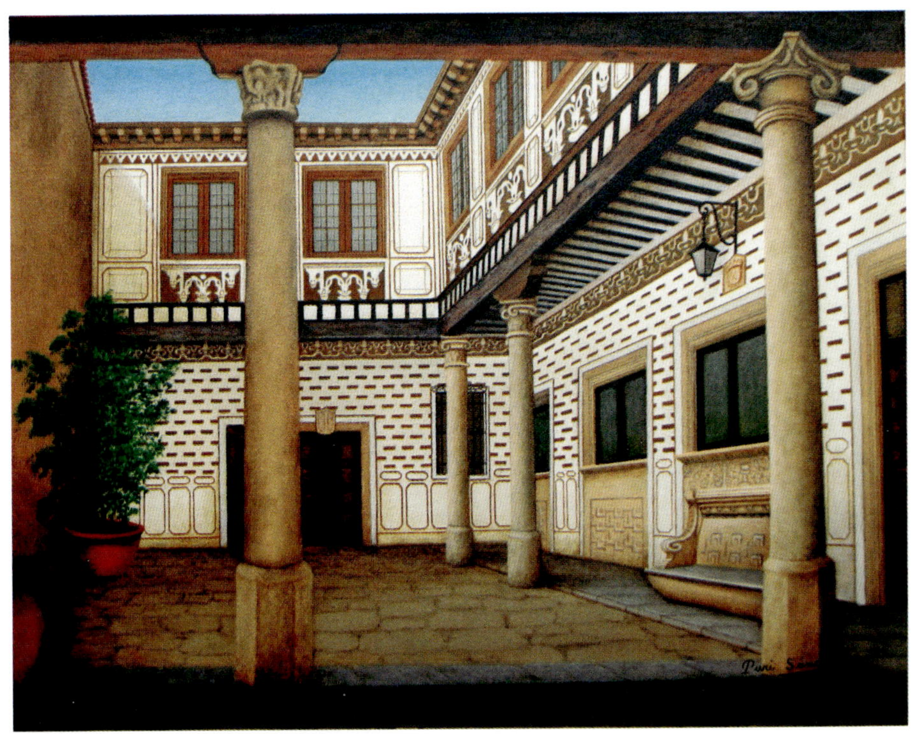

Patio de la casa de los Sexmeros

Estuve en la ciudad y vi los sabios.
Fui dispuesto a escucharles de rodillas,
sin que allí mis palabras de hombre rudo
salieran de la cárcel de mis labios,
que en ellos hizo la ignorancia un nudo…

…

Y después de vivir la fácil vida
que una noble ambición, humana y santa,
me pintó de grandezas toda henchida,
ni ella me dio sabiduría tanta
como a cualquiera le infundió Natura,
ni a cantar aprendí con más dulzura
que la que puso Dios en mi garganta.

José María Gabriel y Galán
**Regreso**

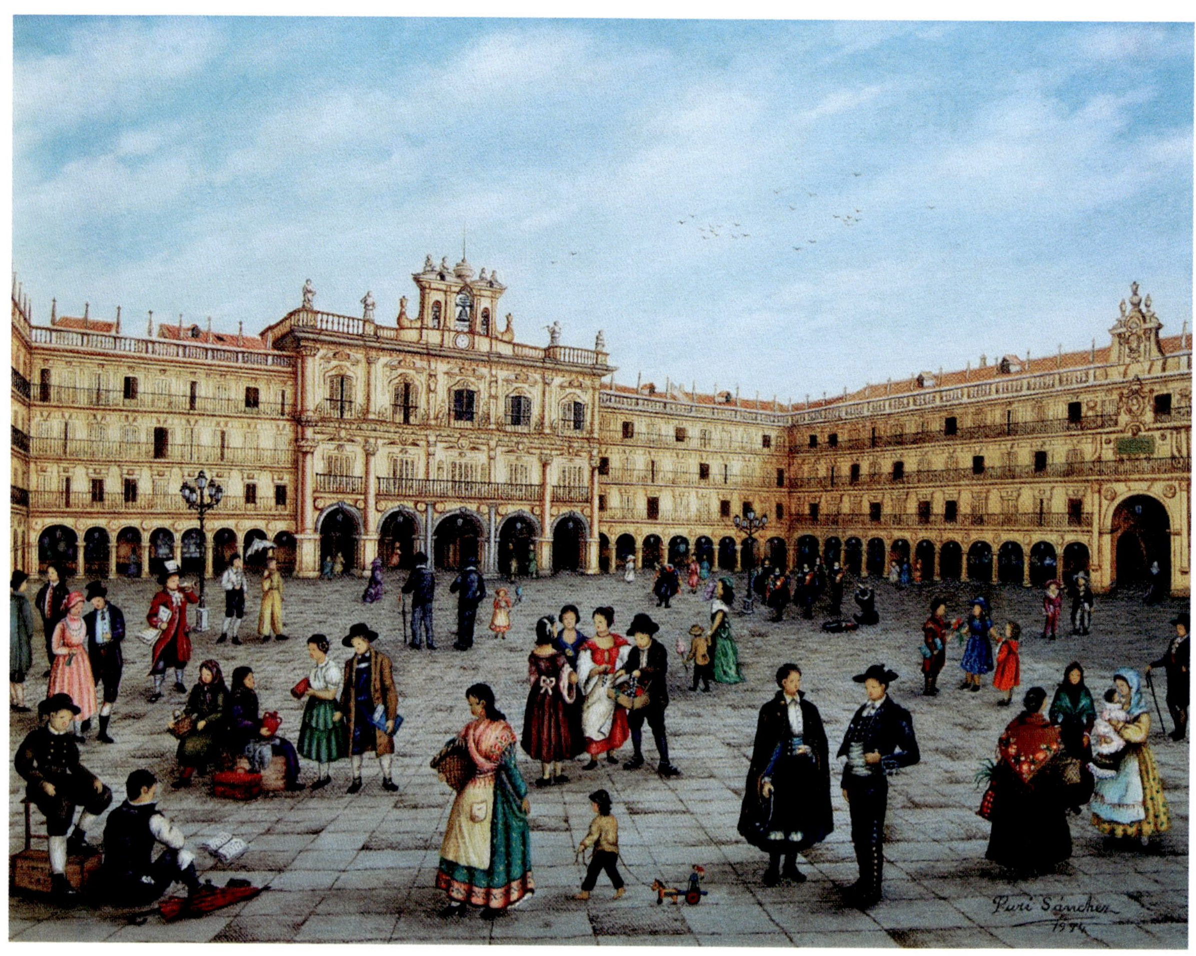

Plaza Mayor

Torrente de piedras, casi humanas,
cuajadas de Historia y de Belleza,
austera, castellana, hecha leyenda,
dorada...
color y calor, hechizo y magia.

**Puri Sánchez**
**Poema**

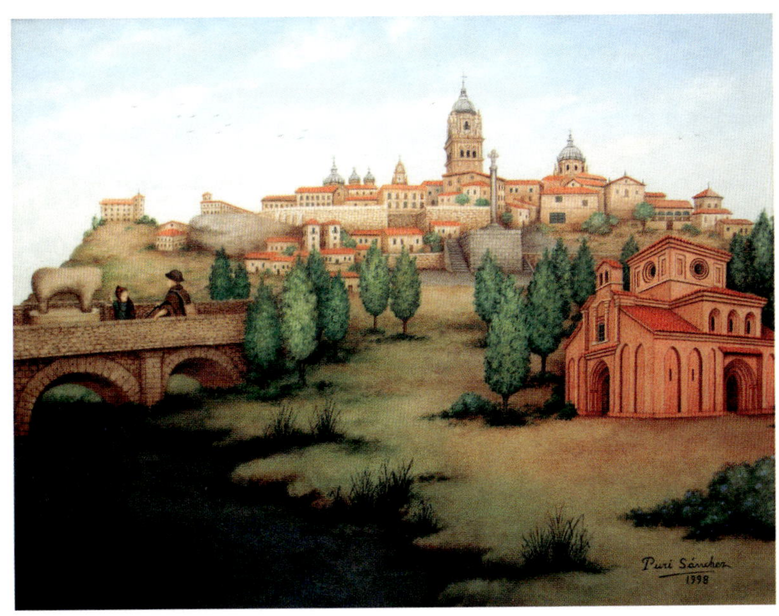

Toro del puente romano e iglesia de Santiago

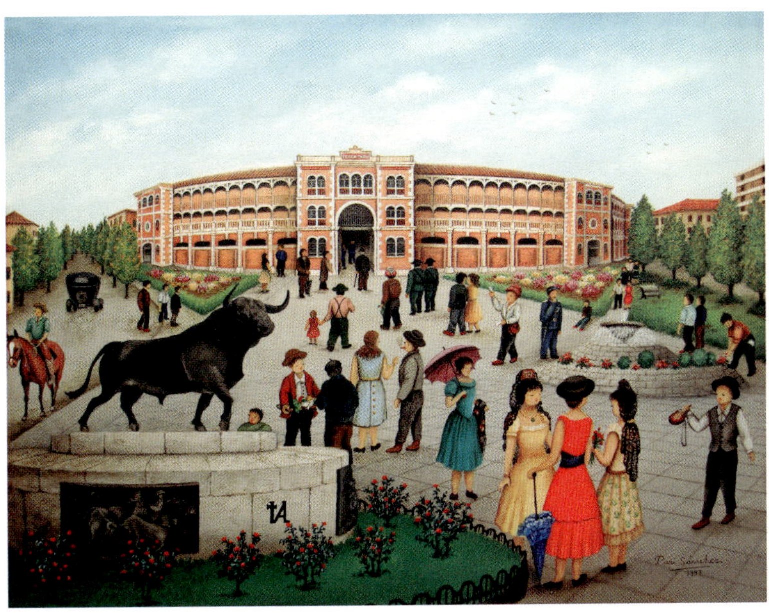

Plaza de toros

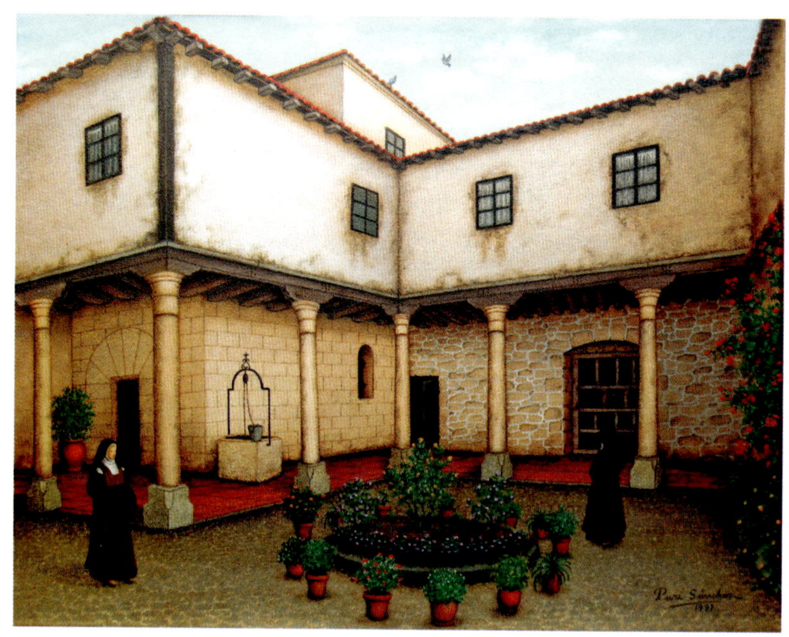

Patio de la casa de santa Teresa

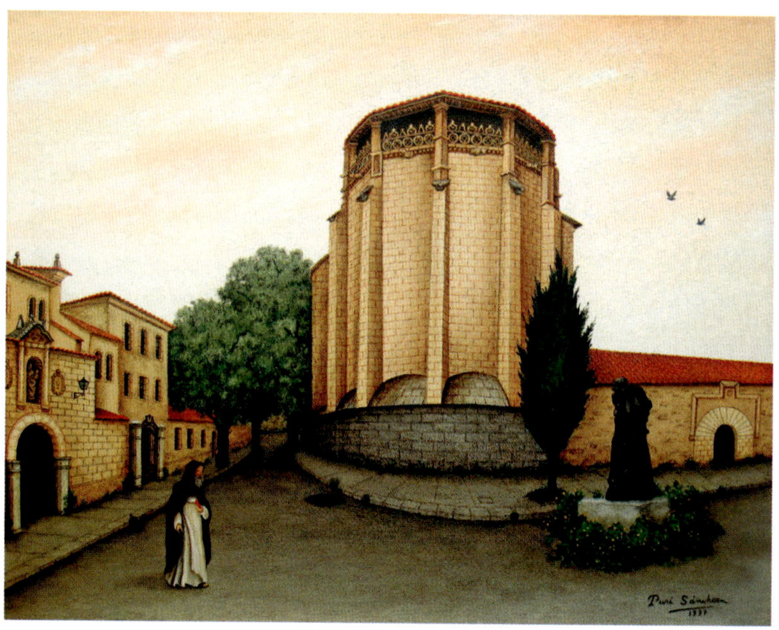

Iglesia de las Úrsulas

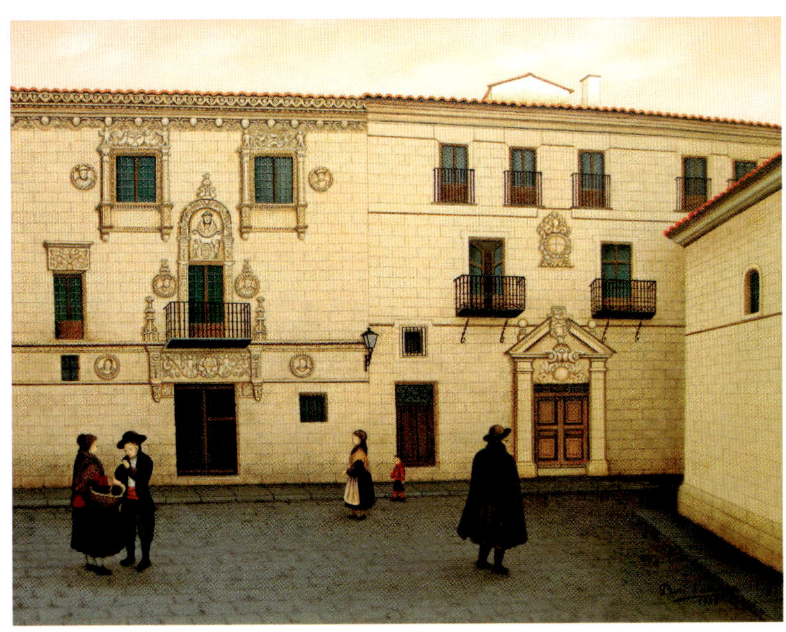

Casa de las Muertes y casa de Unamuno

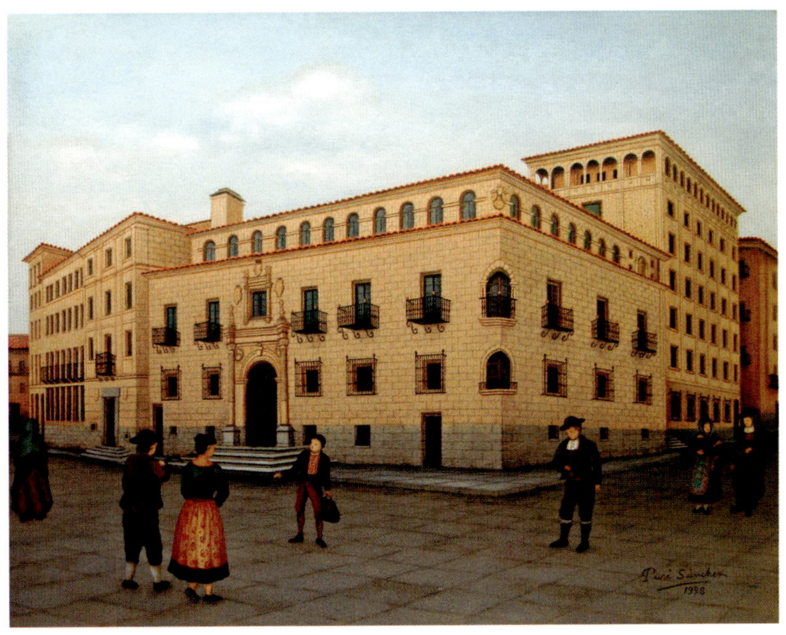

Palacio de Garcigrande

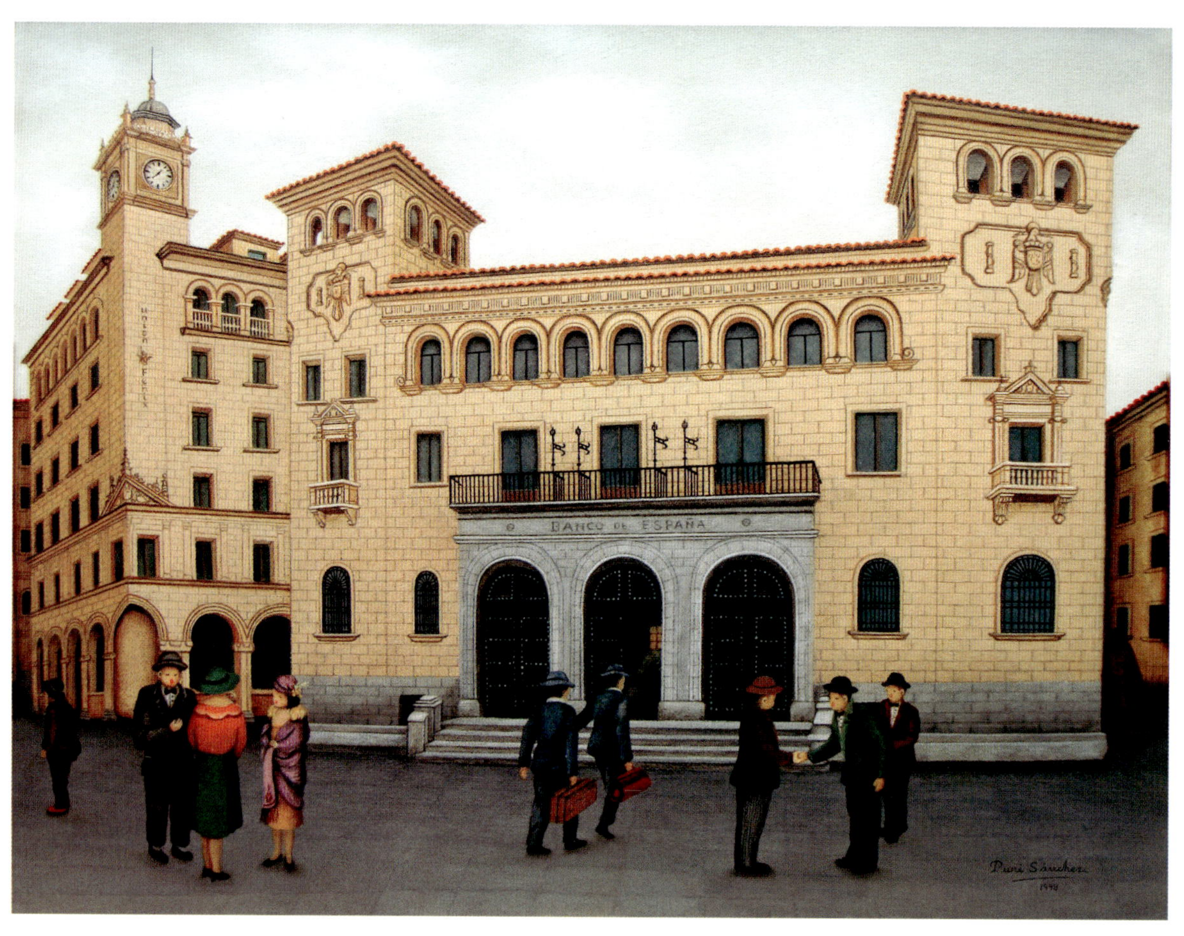

Banco de España

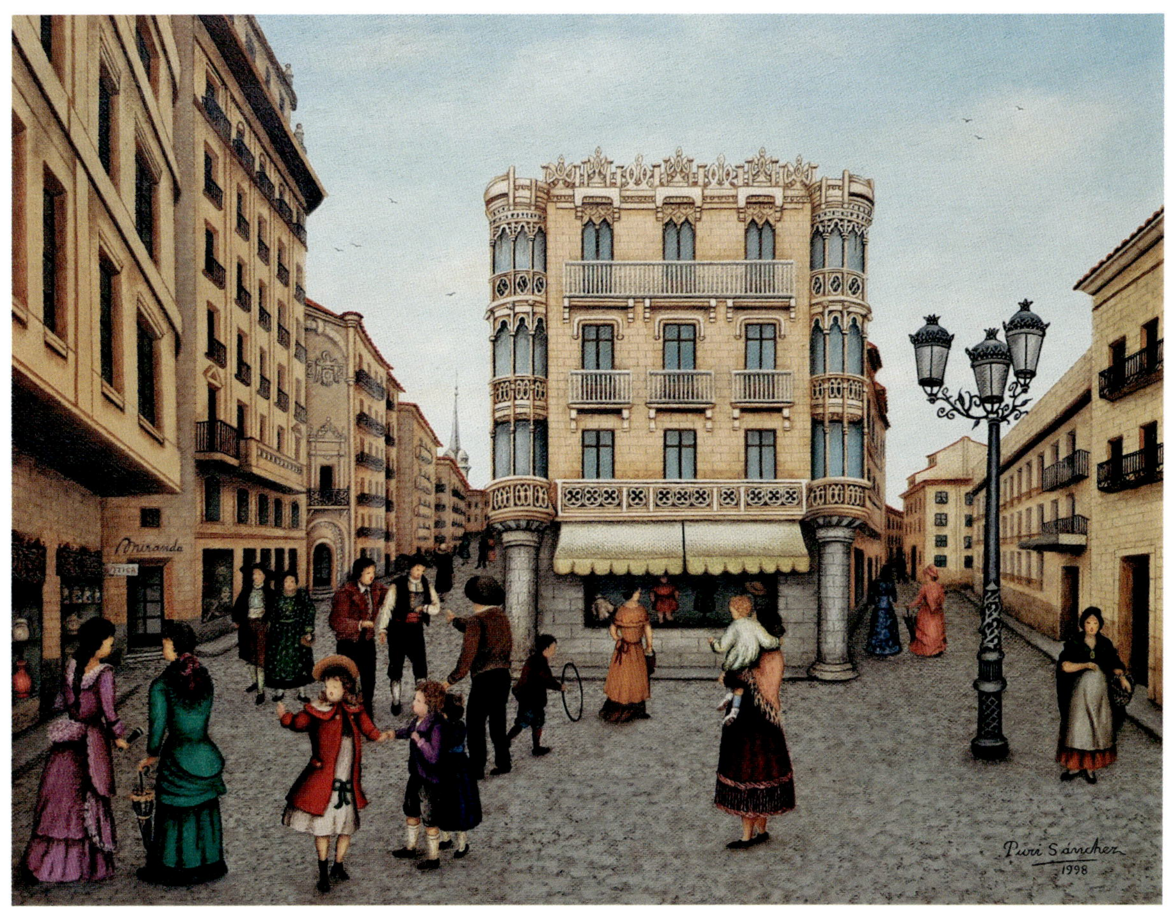

Plaza del Liceo

Salamanca encierra en sí
todo lo bueno del mundo;
es un liceo segundo,
Atenas se cifra allí.
De su luz el resplandor
también en las casas da,
como donde el fuego está
alcanza en torno el calor.

**LOPE DE VEGA**<br>**El bobo del colegio**

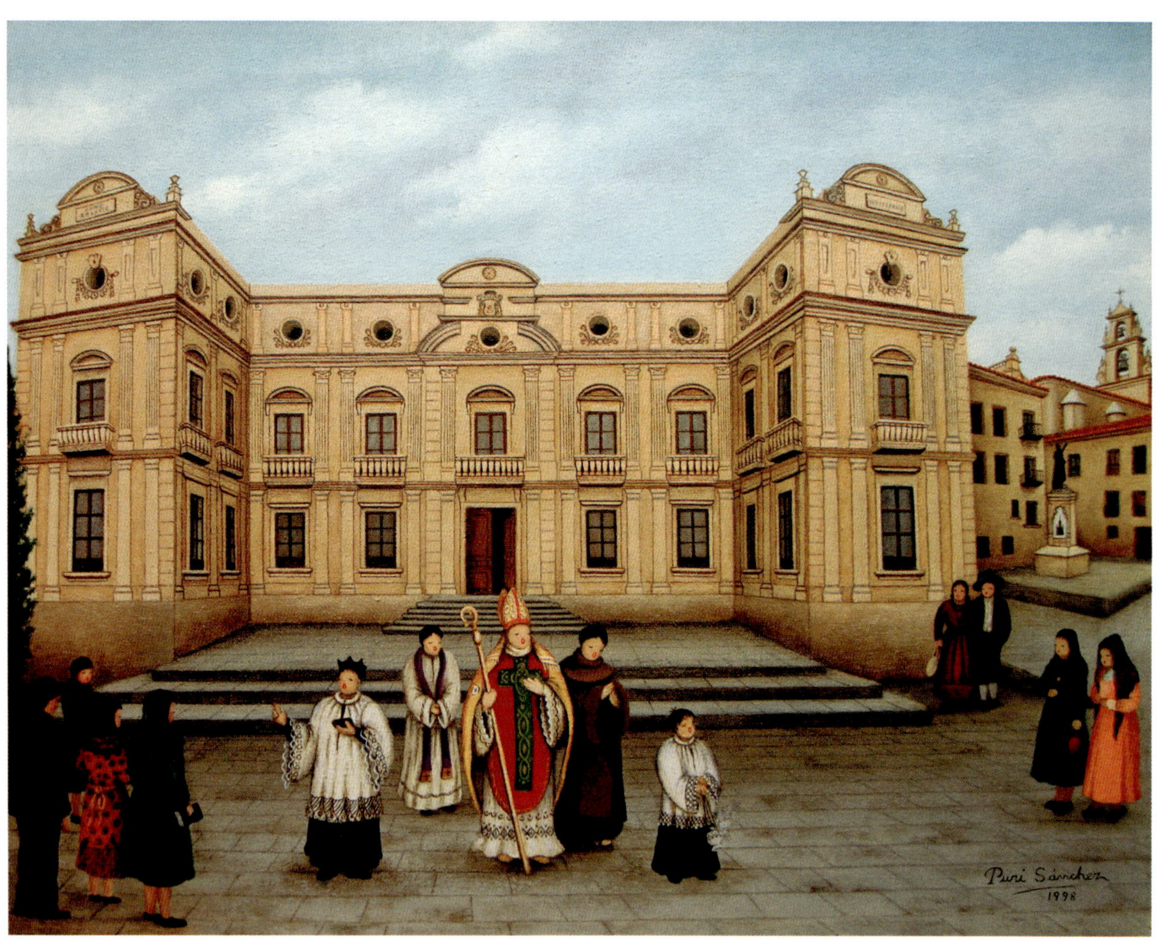

Palacio Episcopal

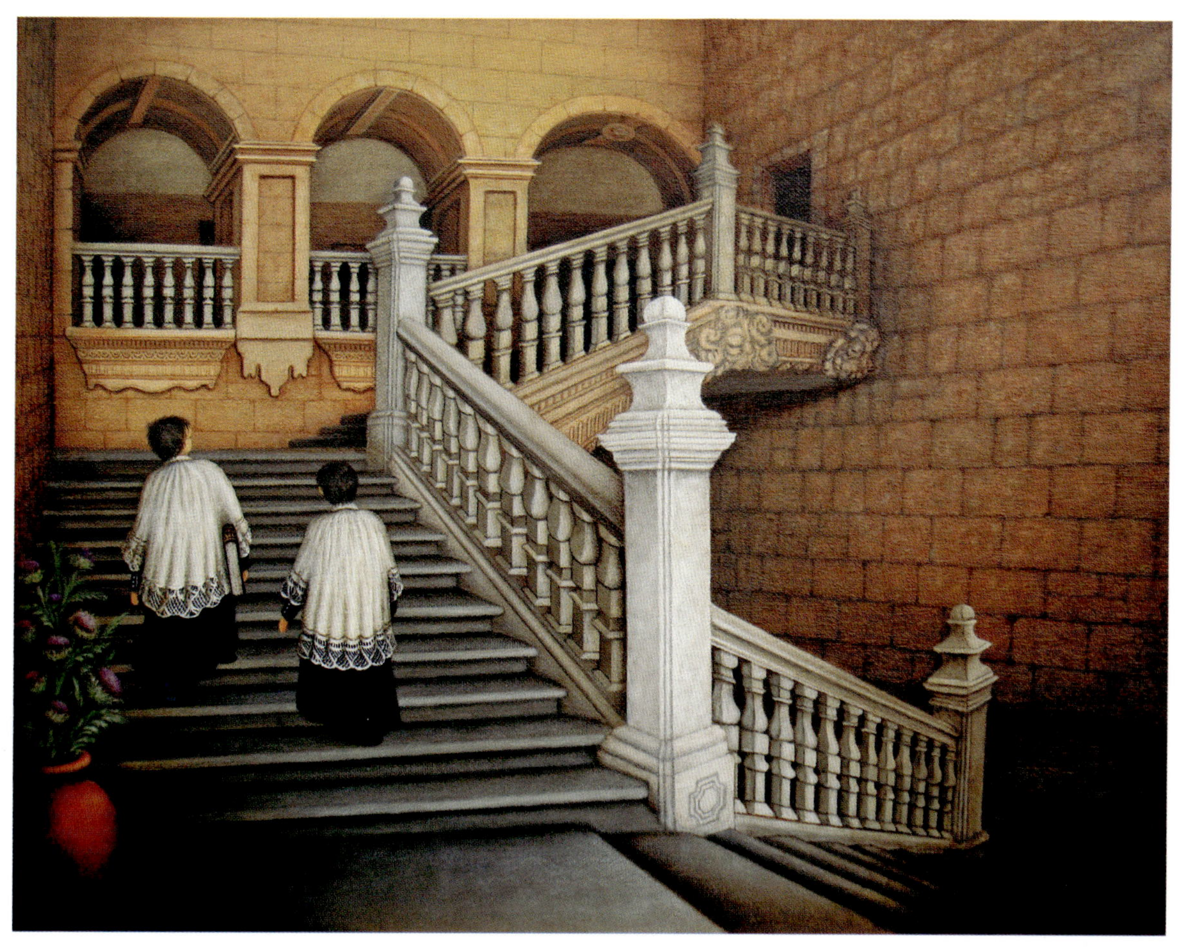

Escalera principal del seminario de Calatrava

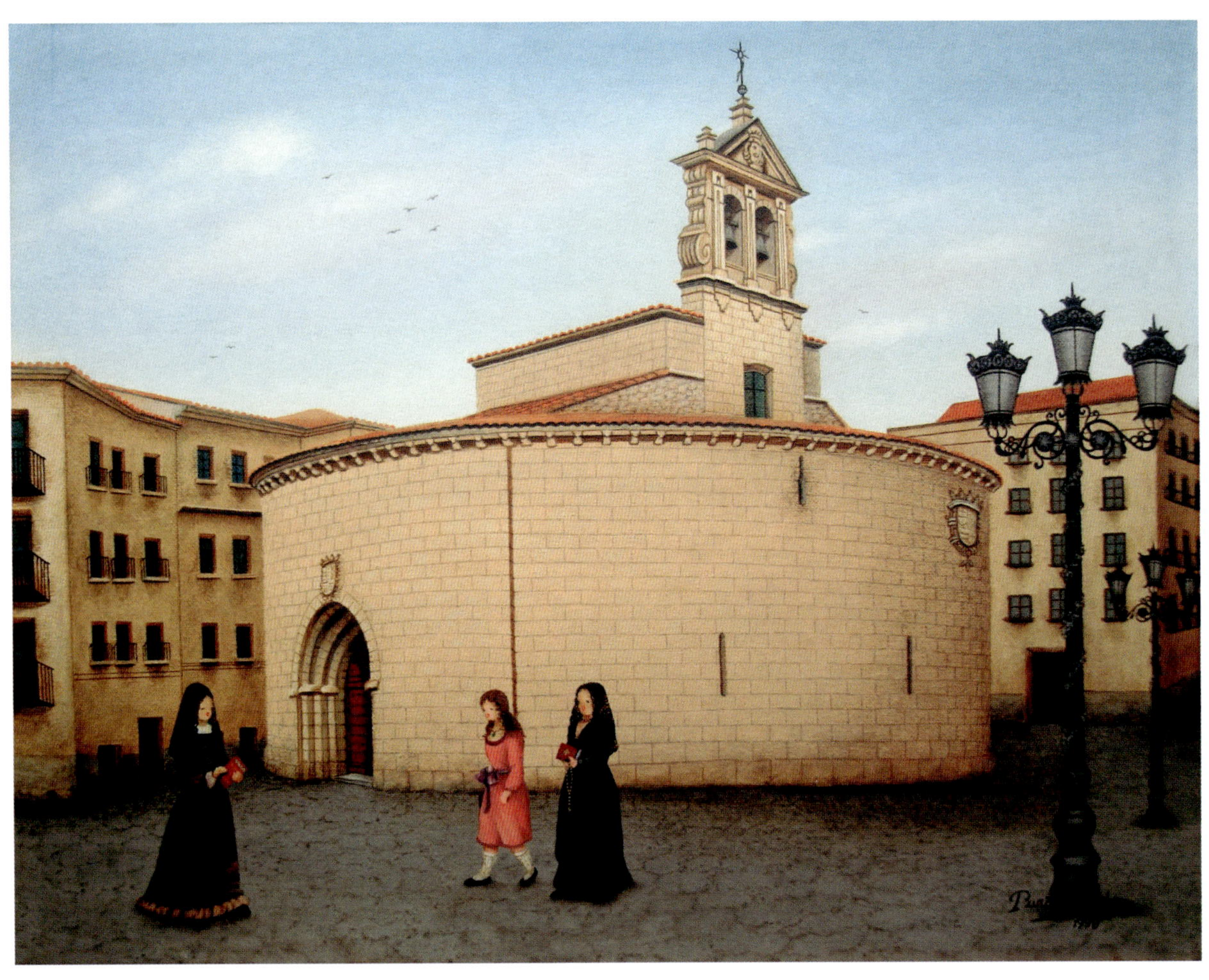

Iglesia de San Marcos

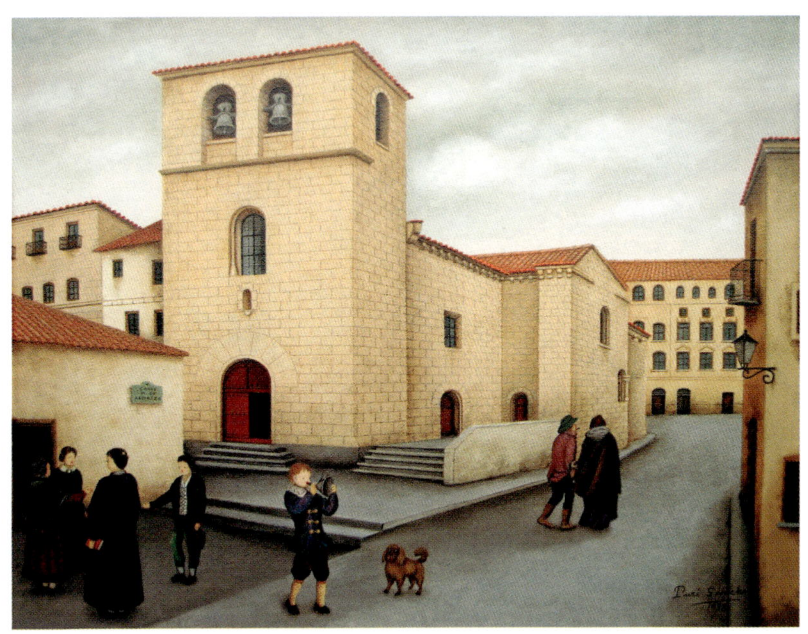

Iglesia de Santo Tomás Cantuariense

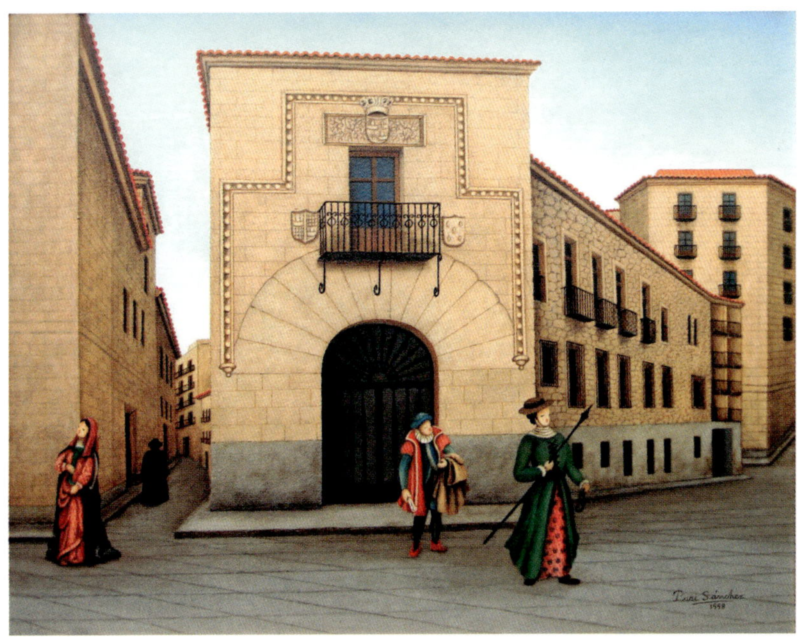

Casa de doña María la Brava

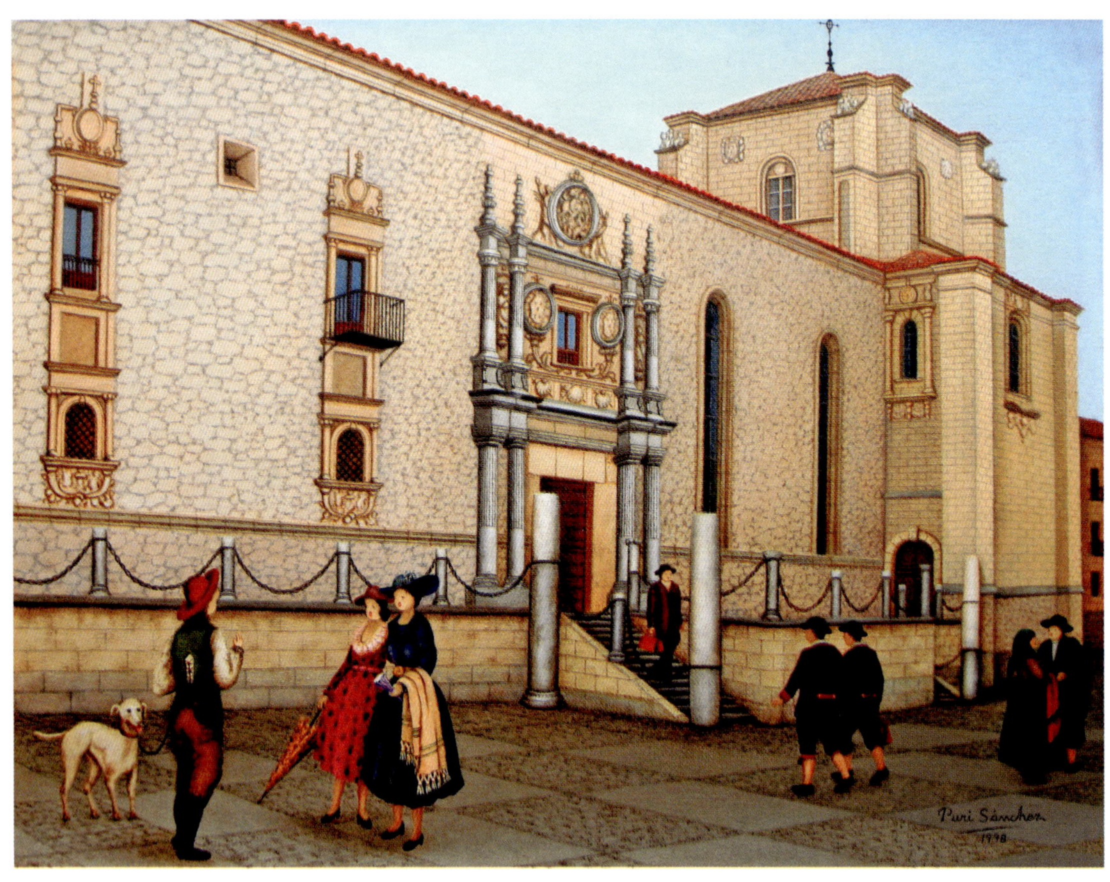

Colegio de Fonseca

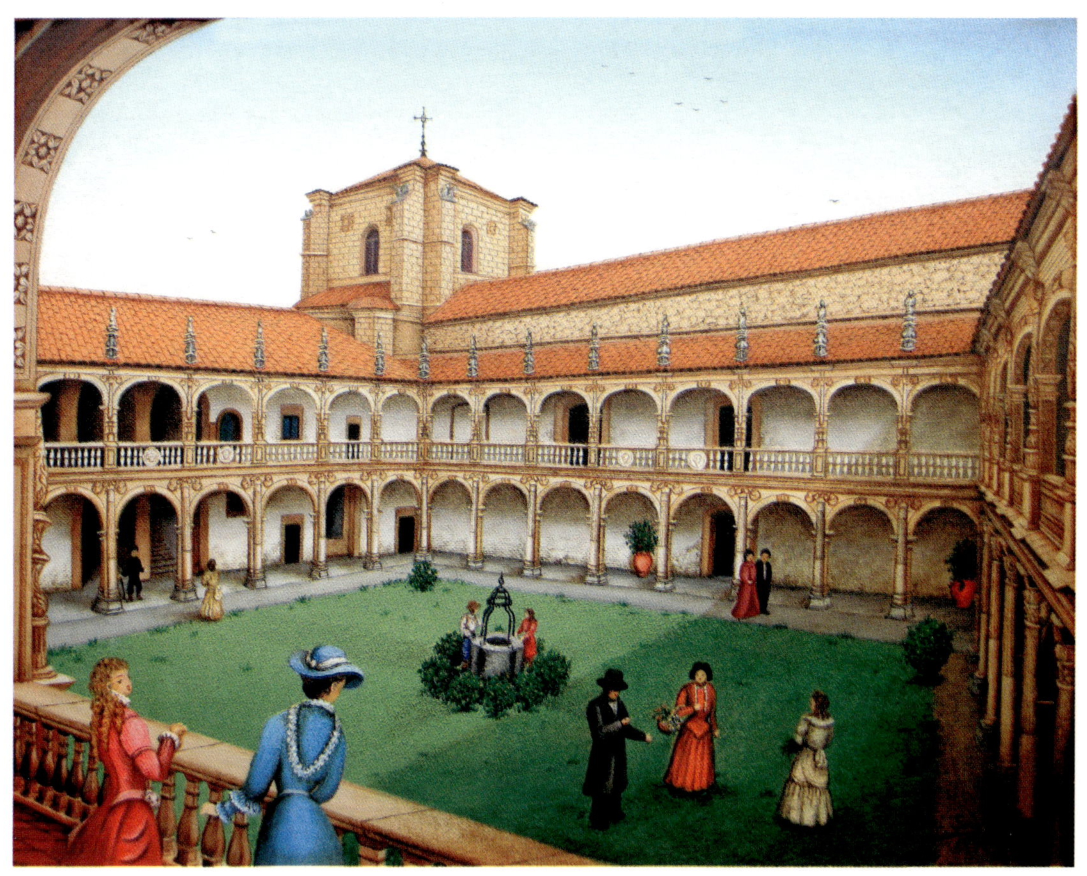

Patio del colegio de Fonseca

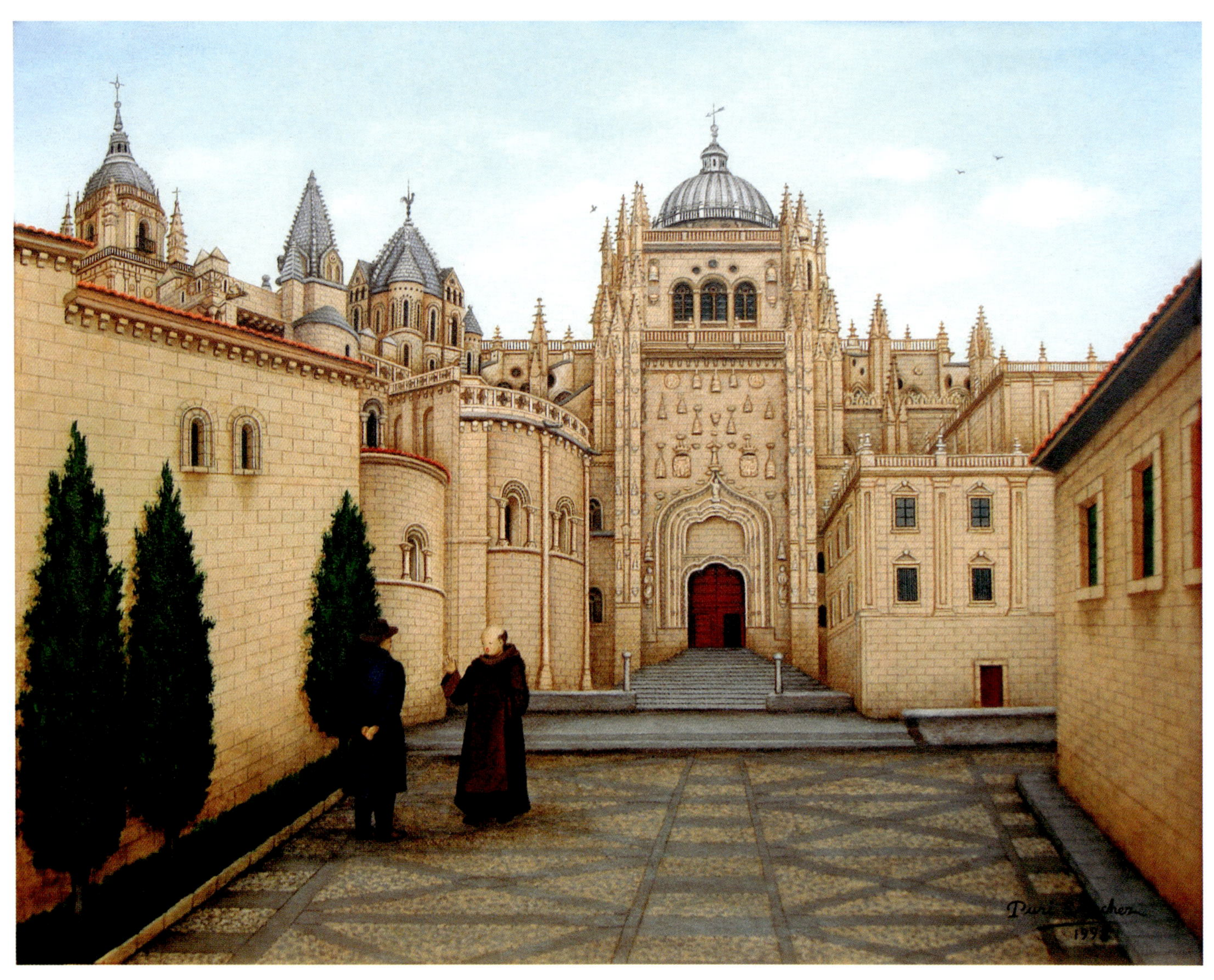

Patio Chico de las catedrales

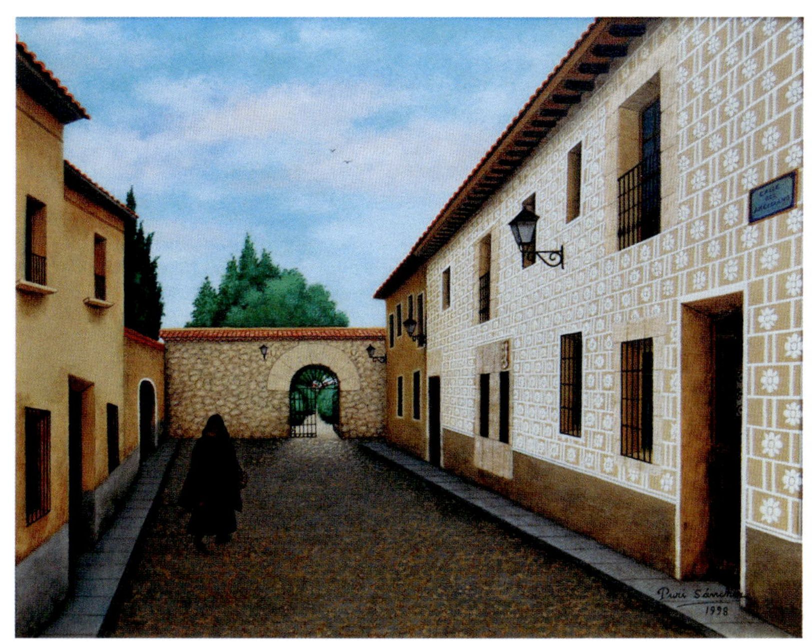

Calle del Arcediano

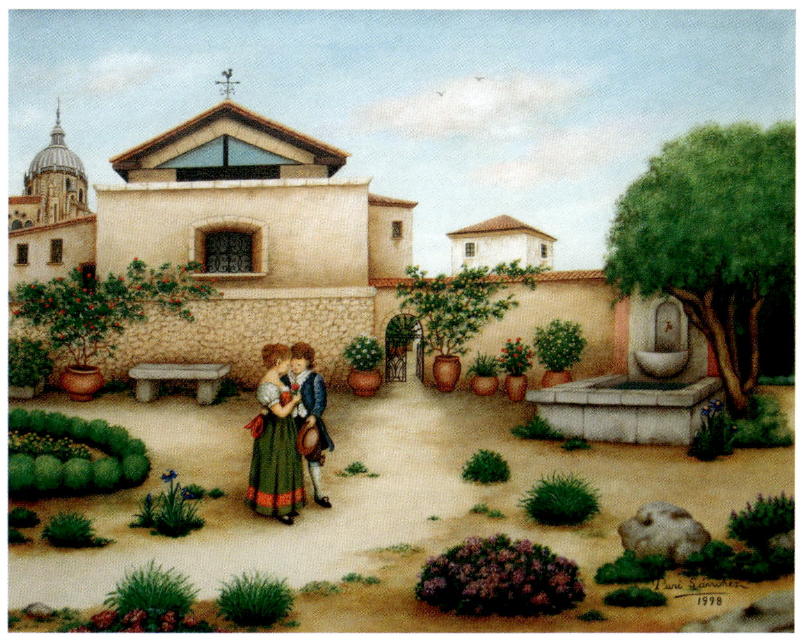

Huerto de Calixto y Melibea

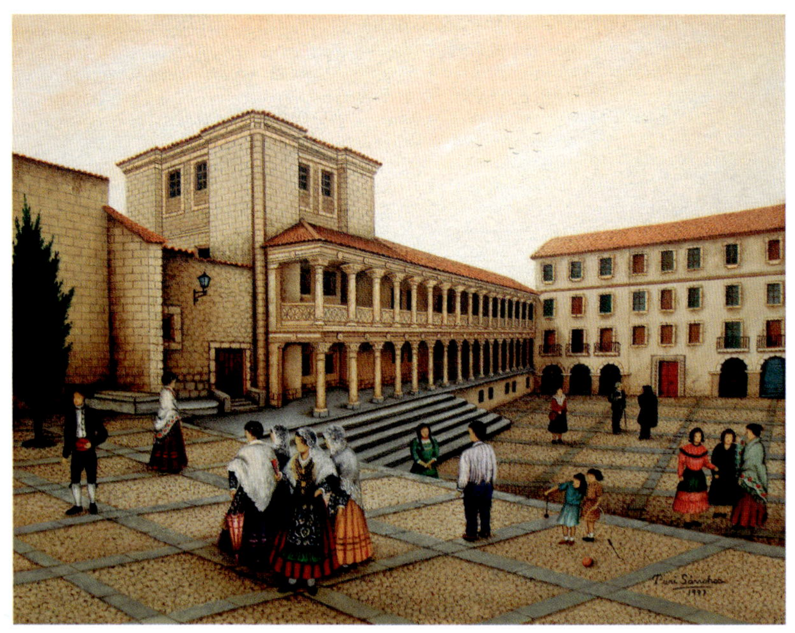

Plaza de San Román

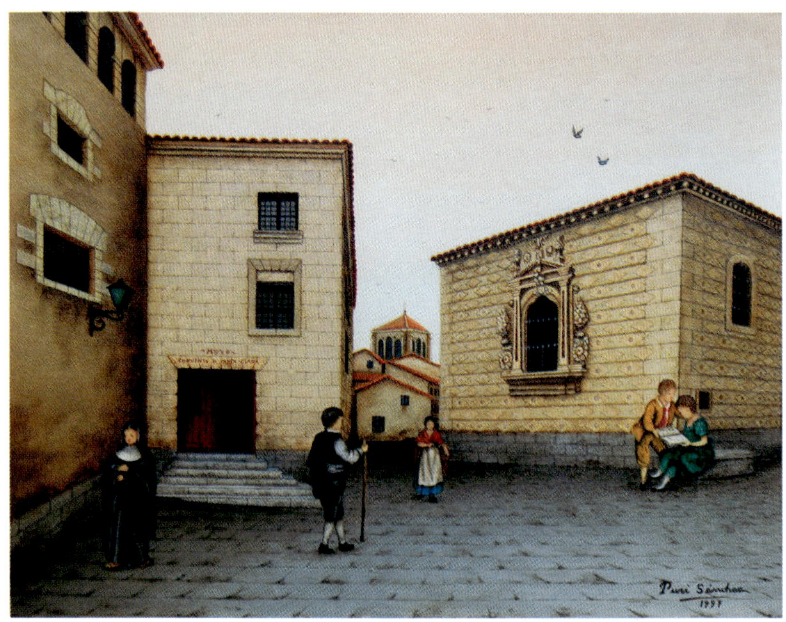

Convento de Santa Clara

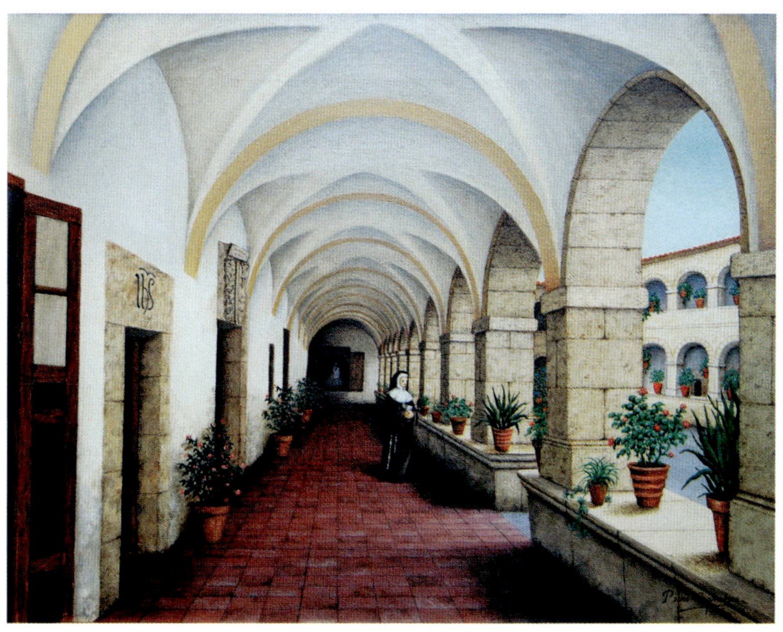

Claustro del convento de Santa Clara

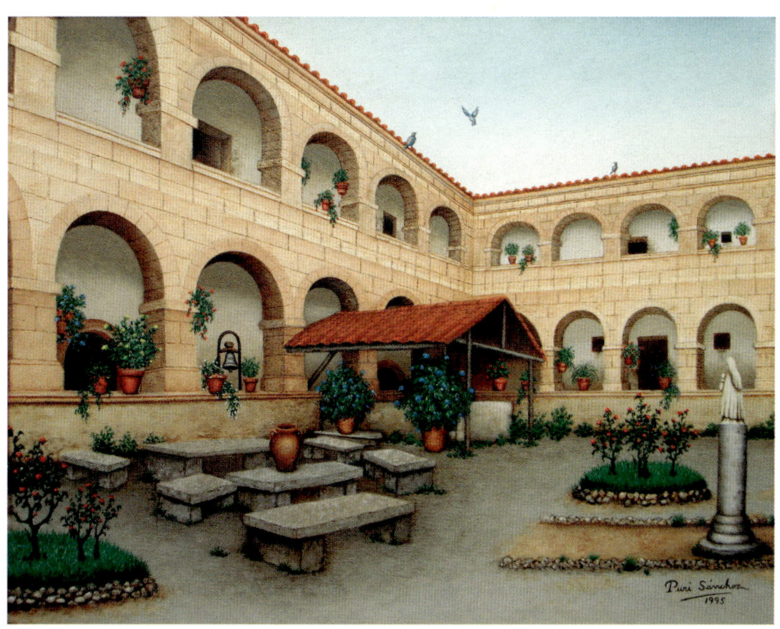

Cenador de las monjas

**1981 noviembre**  Galería Unamuno (Salamanca)

**1982 marzo**  Casa de la Cultura (León)

    **mayo**  Casa de Soria (Madrid)

**1985 febrero**  Excma. Diputación Provincial (Salamanca)

    **octubre**  Hogar Castellano-Leonés (Valencia)

**1986 abril**  Caja de Ahorros Popular (Valladolid)

    **diciembre**  Ilustre Colegio de ATS (Madrid)

**1988 abril**  Palacio de Garci-Grande. Caja Salamanca (Salamanca)

    **mayo**  Caja Postal (Zamora)

    **noviembre**  Ilustre Colegio de ATS (Madrid)

**1990 agosto** (día 26)  Excmo. Ayuntamiento de La Atalaya (Salamanca)

**1991 enero**  Torreón de Lozoya (Segovia)

**1992 mayo**  Centro Cultural Buenavista. Excmo. Ayuntamiento de Madrid

**1993 junio**  La Salina. Excma. Diputación de Salamanca (Salamanca)

    **septiembre**  Sala del Ateneo (Guadalajara)

**1997 abril**  Casa de las Conchas. Biblioteca Pública (Salamanca)

**1998 febrero-marzo**  Centro Cultural «Fernando de los Ríos» del Excmo. Ayuntamiento de Madrid (Madrid)

    **abril**  Fundación «Germán Sánchez Ruipérez», Peñaranda de Bracamonte (Salamanca)

    **mayo**  Casa de la Cultura del Excmo. Ayuntamiento de Ciudad Rodrigo (Salamanca)

    **agosto**  Salón de actos del Excmo. Ayuntamiento de Valdemierque (Salamanca)

    **octubre**  Torre del homenaje Alba de Tormes (Salamanca)

**2006-2007 diciembre/enero**  Centro Cultural «MIRA» del Excmo. Ayuntamiento de Pozuelo de Alarcón (Madrid) (Cuadros de juegos y juguetes antiguos)

**2007 mayo**  Auditorio del Excmo. Ayuntamiento de León, durante la Feria Internacional del Libro «Leer León» (Cuadros de juegos y juguetes antiguos)

**2008 abril**  Castellón, Benicarló, Convent de San Francesc (Cuadros de juegos y juguetes antiguos)

**2011 julio al 15 de septiembre**  Oropesa (Castellón), Museo Naturhiscope de Orpesa (Cuadros de juegos y juguetes antiguos)

## EXPOSICIONES COLECTIVAS

**1981 septiembre**  Centro Cultural de la Villa de Madrid – Edificio Centro Colón

**1982 abril**  Hospital «12 de Octubre» (Madrid)

**1982 junio**  «Naif Español», El Corte Inglés (Madrid)

    **noviembre**  «Expoarte Naif Contemporáneo», Torrelavega (Santander)

**1983 diciembre**  Salón Naif Español (Valencia)

    **diciembre**  Galería «Ramón Durán» (Madrid)

**1988 abril**  Excma. Diputación Provincial de Jaén

**1990 abril**  Palacio de Garcigrande. Caja Salamanca (Salamanca)
**1991 diciembre**  «V Encuentro con el Arte y la Cultura». Universidad de la Laguna (Tenerife)
**2007 mayo/junio**  Palacio Episcopal (Salamanca)


## PUBLICACIONES

### LIBROS

En 1985 se publica *Conocer el mundo rural*, guía didáctica sobre la vida y costumbres de los pueblos castellano-leoneses, basada en su obra y en la que también han participado Carlos J. Martín Martín y Mercedes Ontón Nieto.

En 1997 publica su segundo libro, *Oficios que se pierden*, en el que se recogen 54 oficios pintados y recreados literariamente con sus vivencias. De esta manera recupera momentos, personajes, herramientas y utensilios que en muchos casos han pasado al olvido. Prólogo de Joaquín Díaz, con comentarios de José María Valverde y José Antonio Gabriel y Galán.

*Juegos, sueños y sonrisas de ayer para disfrutar siempre* se publica en diciembre de 2010. Después de una exhaustiva recopilación de canciones, trabalenguas, romances, etc., que acompañaban los juegos de los años 50, trata de rescatar y poner en pie los juegos tradicionales. Ilustrado con más de 80 juegos, pintados y desconocidos en su mayoría para los niños de hoy. Esta entrañable serie se recrea toda ella en los rincones que guardan su infancia y ha dado origen a una rica colección de juguetes de la época que con gran mimo ha sacado del olvido para volver a vivir, y así poder transmitir los profundos sentimientos de ilusión con los que todos hemos soñado. Prólogo de Basilio Martín Patino.

*Salamanca, alma de piedra.* Primera edición en Madrid, diciembre de 2019; segunda edición en Salamanca, abril de 2021. Este libro contempla la vida que encierra Salamanca en sus rincones y monumentos y los personajes que los transitaron a través de los siglos. Sus 52 cuadros pintados al óleo, acompañados por la sabiduría literaria de hombres ilustres, nos llevan a la vida que fue en otro tiempo y le confieren un pasado de grandiosidad. Prólogo del Dr. Jesús Ramos Gutiérrez, profesor egresado de la Universidad de Texas.


### LIBROS CON RESEÑA DE SU OBRA

*SALMANTINOS en su ENTORNO*, de Emiliano Cruz Martín. Año 2001. En él, este fotógrafo salmantino ha reunido una serie de personajes no solo relevantes en el mundo de la cultura, las artes, la moda o las élites como la duquesa de Alba, sino otros que nos son más familiares y no menos populares por toparnos con ellos cada día, bien sea en el quiosco, en el bar, o en…

*Arte Naïf.* Diputación de Jaén, 1988. Recopilación de pintores que donaron sus obras para formar el actual Museo internacional de Arte Naïf en la ciudad de Jaén.

*OBISPOS DE CANARIAS Y RUBICÓN*, por Santiago Cazorla León y Julio Sánchez Rodríguez. Editores Eypasa, D. L., Madrid, 1997. En este precioso libro se exponen las incidencias de los obispos que han servido a nuestra Diócesis, así como de la Iglesia canaria, en la vida y cultura de nuestras Islas desde la creación del Obispado del Rubicón, allá en 1404, hasta nuestros días: casi seiscientos años de historia. […]

*LAS GUÍAS QUE ENSEÑAN- SALAMANCA Patrimonio de la humanidad*, año 1998. Por Teresa González y José Luis de Celis. Se trata de una guía artística de la ciudad y su entorno, ilustrada con bellas imágenes.

*El reclamo de perdiz- Raíces de una caza milenaria*, por Manuel Romero Perea. Edita Manuel Romero en 2013. Su instructivo e interesante contenido, sobre la caza con reclamo, así como la paralela observación de las fantásticas fotografías en color y dibujos que, oportunamente, ilustran cada uno de los capítulos, hacen muy difícil realizar un pequeño descanso en su lectura.

*Dos Hermanas. Juegos de ayer... de hoy... y de siempre*, Pepe Díaz, año 2017. Excmo. Ayuntamiento de Dos Hermanas. Antón Pirulero, la billarda, las bolas, las carreras de cintas o de sacos, las chapas, los chinos, la comba, el corro de la patata, los cromos, el elástico, el diábolo, el escondite, la lima o el trompo son algunos de los 86 juegos que el nazareno Pepe Díaz, gracias a sus recuerdos, investigación y testimonios de otros, ha conseguido reunir en este libro.

## ILUSTRACIONES

*Corrillo.* Salamanca, diciembre 1981.
*Casa Grande.* Salamanca, marzo 1982.
*El Cole.* Madrid, abril 1982.
*Cuadernos Vallisoletanos.* Valladolid, 1986.

## OBRAS DE CARÁCTER DIDÁCTICO

**Trabajos realizados por la Escuela Española** para hijos de emigrantes españoles en *escuelas de Francia* en la zona de los Alpes Marítimos, en concreto: Mónaco, Beausoleil, Cannes, Grasse, etc. durante los cursos 1982-83, 1983-84. 1984-85 completando el programa impuesto por el Ministerio de Educación de España. Para desarrollar los trabajos se distribuían tarjetas postales de la pintora Puri Sánchez entre los alumnos, para que describieran la escena que contemplaban, con lo que, a la vez que conocían las costumbres españolas para no perderlas, aprendían y ampliaban el vocabulario en francés (guardo copia de estos trabajos).

**Trabajos realizados en colegios de Barcelona**, L'Hospitalet, durante los cursos 1982-83 a partir de visualizar, analizar, comentar y describir las escenas de mi obra en tarjetas postales (guardo copia de los trabajos).

**Primer Ciclo de Costumbres Populares**. Palacio de La Salina, Diputación de Salamanca, en 1985 y a partir de las escenas populares reflejadas y expuestas en mis cuadros.

**Jornadas Culturales de Castilla y León**, Valencia, 1985, en torno a la vida en el mundo rural castellano, reflejada y dándola a conocer en las escenas pictóricas de mi obra.

**Talleres con niños de colegios de Pozuelo de Alarcón** (Madrid) para reproducir juguetes antiguos y jugar en las exposiciones de juguetes y cuadros de juegos expuestos en el Centro Cultural «MIRA» del Ayuntamiento, diciembre de 2006.

**Trabajos sobre los «oficios que se pierden» realizados en el colegio público A. Forniés-Manuel de Falla, en Vitoria-Gasteiz de Álava,** Centro Público concertado. Los trabajos son realizados por el profesor Javier Escajedo Arrese con nuevas tecnologías, facilitando la visión del uso de un gran equipo de herramientas utilizadas en trabajos con lana, mimbre, cuero, telas, piedra, barro, harina, vino, madera, carbón, paja, leche, papel, etc., etc., durante los cursos 2006 al 2016 y siguientes.

Lecturas comprensivas **Inter peques**: A partir de Puri Sánchez, artista salmantina de Valdemierque, nos muestra sus recuerdos infantiles bajo sus pinceles enseñándonos la esencia de los oficios que se pierden. Viendo las pinturas y los vídeos presentados, consultando las fuentes relacionadas podéis disponer de información suficiente para formaros una visión personal en torno a este tema.

Canal You Tube **Lista de oficios** para el recuerdo. Selección de vídeos en You Tube con detalles sobre oficios que se pierden. En este trabajo se alternan intencionalmente las imágenes fotográficas con las imágenes pictóricas para contrastar la realidad objetiva de la cámara en manos de la artista y la realidad subjetiva del pincel en las mismas manos, diferentes formas de expresar similares sentimientos. Ved vídeos presentados y consultad fuentes relacionadas observando aquellos matices que más os llamen la atención en torno al tema de los oficios que se pierden.

Relación de fuentes consultadas. Aquí tenemos información ampliada en torno al tema de los oficios: [Oficios que se pierden - Puri Sánchez]

[Nostalgia], adaptación PowerPoint de PPeerS, junio 2008 (re-envíos e-mail).

## FUENTES

Museo Etnográfico Puri Sánchez. YouTube listado.

Puri Sánchez web personal. Scripts tests A.Valero.

E-mail de contacto Puri Sánchez. Script Tutorials Photo Album.

## LIBROS DE TEXTO EN ARGENTINA

*Te ayudo en Ciencias Naturales y Sociales*. Curso 2013. Editorial Ediba, Buenos Aires. Material auxiliar para la enseñanza, hecho por docentes argentinos. Experimentos para el aula y la feria de ciencias y situaciones cotidianas para resolver, a través de la filosofía para niños. Está ilustrado con algunos de mis cuadros que son la base de la discusión de los escolares.

«Parte de la obra de Puri Sánchez, pintora costumbrista, natural de Valdemierque y con residencia en Madrid, sirve como material escolar en Argentina. Desde allí han llegado hasta España varios libros de texto elaborados por los profesores que los diseñan, lejos de las grandes editoriales y adaptados a la idiosincrasia de los escolares. Concretamente en los libros de texto de Ciencias naturales y sociales se incluyen reproducciones de los cuadros de esta pintora de las series de juegos y oficios para que, con ellos los niños argentinos razonen lo que ven, aprendan y comparen. A través de internet han llamado la atención a los profesores hispanoamericanos, y sus cuadros sirven como material escolar, saltando una vez más fronteras». En Alba de Tormes al día 28 de septiembre de 2014.

- «El Adelanto» Salamanca, noviembre 1981
- «La Gaceta Regional» Salamanca, noviembre 1981
- *La Hora Leonesa*, León, 23 de marzo de 1982
- *Diario de León* León, 25 de marzo de 1982

# REFERENCIAS CRÍTICAS

## PRENSA

- *Diario Ya* Madrid, 17 de mayo de 1982
- *La Voz de Miróbriga*, Ciudad Rodrigo, 23 de mayo de 1982
- *La Prensa*, Buenos Aires, 15 de abril de 1984
- *El Adelanto*, Salamanca, 15 de febrero de 1985
- *La Gaceta Regional*, Salamanca, 23 de febrero de 1985
- *La Salina*, Salamanca, febrero de 1985
- *Tribuna Sanitaria*, Madrid, febrero de 1987
- *El Adelanto*, Salamanca, abril de 1988
- *El Adelantado*, Segovia, enero de 1991
- *La Gaceta Regional*, Salamanca, junio de 1993
- *El Adelanto*, Salamanca, junio de 1993
- *El Adelanto*, Salamanca, 15/5/1997
- *Tribuna*, Salamanca, 1997
- *La Gaceta*, Salamanca, 19 de enero de 1999
- *El Adelanto*, Salamanca, 18 de junio de 2000
- *Tribuna*, Salamanca, 19 de junio de 2000
- *El Mundo*, Madrid, 12 de diciembre de 2006
- *Diario de Pozuelo*, Madrid, 13 de diciembre de 2006
- *ABC*, Madrid, 15 de diciembre de 2006
- *La Razón*, Madrid, 18 de diciembre de 2006
- *20 Minutos*, Madrid, 13 de diciembre de 2006
- *20 Minutos*, Madrid, 18 de diciembre de 2006
- *El Mundo*, Madrid, 19 de diciembre de 2006
- *El País*, Madrid, 22 de diciembre de 2006
- *El País*, Madrid, 2 de enero de 2007
- *El Mundo*, de León, 8 de mayo de 2007
- *El Adelanto*, Salamanca, 3 de junio de 2007
- *Tribuna*, Salamanca, 3 de junio de 2007
- *La Gaceta*, Salamanca, junio de 2007
- *La Gaceta Regional*, Salamanca, 12 de enero de 2011
- *La Prensa ¿?*, Castellón, 6 de julio de 2011
- *El Norte de Castilla*, 29 de septiembre de 2014
- *La Gaceta*, Salamanca, 8 de octubre de 2014

## RADIO

- COPE Madrid, *La gran manzana*, 12 de diciembre de 2006
- ONDA CERO Madrid, *Gente de Madrid*, 12 de diciembre de 2006
- ONDA MADRID, *La tarde y compañía*, 13 de diciembre de 2006
- RNE-1- Madrid, Entrevista a Puri Sánchez, 14 de diciembre de 2006
- ONDA MADRID, *La sal de la vida*, 15 de diciembre de 2006
- TOP RADIO, miércoles, 27 de diciembre de 2006
- ONDA MADRID, *Queridos ciudadanos*, 9 de enero de 2007
- RADIO VINAROZ, Exposición de Benicarló, abril de 2008
- CADENA SER, Salamanca, *Juegos, sueños y sonrisas*, 12 de enero de 2011
- RADIO OROPESA, Exposición de juguetes, 5 de julio de 2011

- TELEMADRID, *Directo a la noche*, 9 de diciembre de 2007
- ONDA SEIS, *Declaraciones de Puri Sánchez*, 13 de diciembre de 2006
- TELEMADRID, *Madrid directo*, 13 de diciembre de 2006
- TELEMADRID, *Telenoticias 1*, 23 de diciembre de 2006
- TELEMADRID, *Telenoticias 1*, 6 de enero de 2006
- TVE-2, *En otras palabras*, 13 de enero de 2006
- TV Tarragona, Exposición de Benicarló, abril de 2008

## RECONOCIMIENTOS

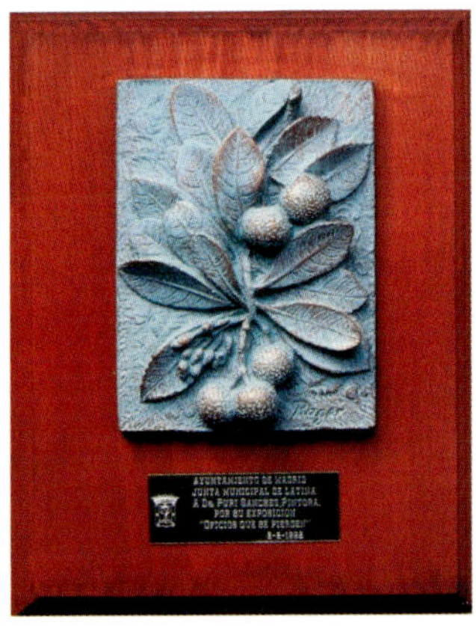

Placa del Excmo. Ayuntamiento de Madrid

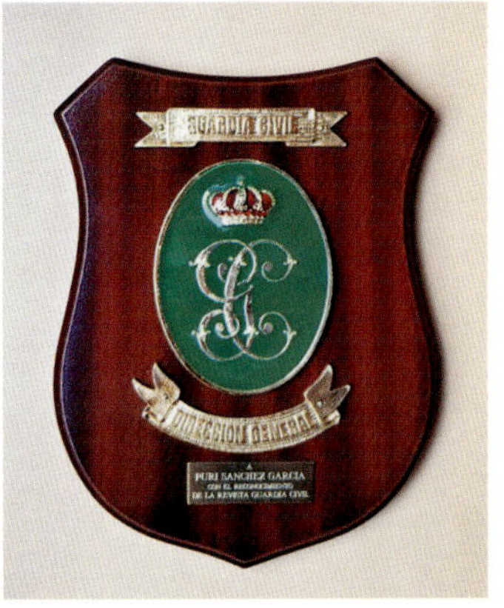

Placa de la Benemérita Guardia Civil